霍金，当代重要的广义相对论和宇宙论家

霍金，当今享有国际盛誉的伟人之一

人生的圣杯
斯蒂芬·霍金传

李廷璐◎著

石油工业出版社

图书在版编目（CIP）数据

人生的圣杯——斯蒂芬·霍金传 / 李廷璐著 .
北京：石油工业出版社，2018.3
ISBN 978-7-5021-9489-5

Ⅰ. 人…
Ⅱ. 李…
Ⅲ. 霍金，S.– 传记
Ⅳ. K835.616.14

中国版本图书馆 CIP 数据核字（2013）第 028981 号

人生的圣杯——斯蒂芬 ·霍金传
李廷璐　著

出版发行：石油工业出版社
（北京安定门外安华里 2 区 1 号 100011）
网　址：www.petropub.com
编辑部：（010）64523616
图书营销中心：（010）64523633
经　　销：全国新华书店
印　　刷：北京晨旭印刷厂

2018 年 3 月第 1 版　2018 年 3 月第 1 次印刷
710×1000 毫米　开本：1/16　印张：11.75
字数：215 千字

定价：36.80 元
（如出现印装质量问题，我社图书营销中心负责调换）

前言

用科学拯救生命的奇才

2018年3月14日，一个被誉为“继爱因斯坦后最杰出的物理学家”辞世而去，他生于伽利略的忌辰，逝于爱因斯坦的诞辰，一代传奇，终究被星辰带走。

他的三个孩子在这位科学家去世声明中，饱含深情地写道：

“我们亲爱的父亲今天去世了，我们深感痛心。他是一位伟大的科学家，也是一位非凡的人，他的工作和成就将会留存多年。他的勇敢和坚韧、他的才华和幽默激励了全世界的人们。他曾经说过，‘如果宇宙不是你所爱的人的家园，它就不是宇宙’。我们将永远想念他。”

他是命运多舛的天才，他是挑战自我的勇士；他是一个大脑、一个神话、一个巨人……他，就是霍金。

当我们提到霍金的时候，总是觉着它被赋予了神奇的色彩。不管是霍金的出生，还是霍金的生命旅程，都非常富有传奇性。一个在21岁就身患重病，被医生告知寿命不长的有志青年，凭借着对科学的热爱，对神奇的宇宙世界的追索，最终跨越了生命的危机，并且用他丰富的思想向全世界的人们演绎着他对宇宙非同一般的见解，这是霍金身上最闪光的地方。

霍金这份勇气或许是来自他内心对于科学探索的情有独钟。他的思维在宇宙世界自由地翱翔，从与彭罗斯一起证明奇点定理，到后来的黑洞研究，再到霍金辐射以及无边界宇宙理论的提出，霍金都以非常乐观的心态去迎接每一次挑战。即使身体疾病常年反复发作，但他依旧保持着惊人的意志。当然，在这个过程中少不了他的家人和朋友们的支持。

虽然命运是残酷的，身体的疾病也无法避免，但是霍金从没有向命运屈服，他不能写，甚至不能说话，但他人残志不残，他超越了相对论、量子力学、大爆炸等理论而迈入创造宇宙的“几何之舞”，成为国际物理界的超新星。

在某种意义上，霍金已经不仅仅是一位科学家，我们从霍金的身上感受到的不仅仅是他对科学孜孜以求的精神，也不只是学习他对于宇宙认识的思想精髓，我们更应该看到他的坚强、他对生命的意义与人生的态度！一个身体上的弱者，一个思想上的强者，这是霍金让人为之动容的地方，他的人格力量值得我们每个人去潜心感悟。当我们凝视这位科学家一生的道路时，感受到的不仅仅是惊奇和震撼，还有一种发自内心的敬意。

本书以霍金的生平及其对宇宙一步步探索的过程为基础，通过他成长过程中所经历的点滴小事，从童年时光、学业与梦想、爱情和婚姻、事业与荣誉等不同层次、不同角度，为读者展示一个强者的命运、智者的人生，感悟霍金一生的不平凡。愿大家在品悟霍金的同时，净化和启迪心灵，给自己的人生航程以明确的指引。

目录

第一章
谜题还是玩笑
——有些巧合早已注定

霍金的幼年时光是和战争硝烟相伴的，他能平安成长实属不易。可谁能料想，霍金虽然幸运地躲过了战争的伤害，日后却被病魔缠绕一生，这是一种比炮弹还让人恐慌的东西。这种病症出现在他最美好的青春时期，使他从一个英俊潇洒的小伙子，变成了一个行动不便、说话困难的残疾人。不过，正如他传奇的降生一样，霍金的命运也因此开启了神奇的篇章，他用超人的毅力为理论物理学做出了卓越的贡献。

01

在支离破碎的世界悄然诞生

斯蒂芬·霍金出生于 1942 年 1 月 8 日，当时他的家乡伦敦正被笼罩在法西斯的狂轰乱炸中。霍金出生这天，恰好是著名天文学家伽利略逝世 300 周年纪念日。如此巧合，或许是上天的特意安排。

刚刚出生的霍金十分惹人喜爱。他的头略大，长着稀疏的棕色头发，圆圆的脸蛋，高高的鼻梁，大大的眼睛显得格外有神，小嘴张开的时候尤其可爱。幼小的霍金总是喜欢握着小拳头，在空中轻轻地挥舞。

霍金的诞生让父亲弗兰克万分惊喜，他常常凝视这个小生命，仔细地观察他的一举一动。然而欣喜之余，弗兰克也不由感叹，这可爱的小东西真是生不逢时，战争笼罩着这个世界，许多城市正遭受着德国飞机的轰炸，英国也遭到战乱的侵袭。

1939 年 9 月，第二次世界大战爆发。德国侵略者将枪口对准了英伦三岛。面对嚣张跋扈的纳粹，新上任的英国首相丘吉尔斩钉截铁地表示："我们决不投降。"德军一看英军这般坚持的态度，便转变战略。1940 年 8 月 2 日，德军空袭了英国的军用设施和飞机场，不仅如此，从 9 月 6 日起，德军又开始集中力量轰炸伦敦，打算以此来摧毁英国抵抗的决心，逼迫英国投降。不过，勇敢的英国人民面对德军强有力的进攻，并没有退却，而是在首相丘吉尔的鼓舞下，坚定了抵抗到底的决心。

当时，英国的很多城市都笼罩在战争的硝烟中，好在牛津城相对来说还比较安全。因为当时英德两国政府达成协议，互不轰炸对方著名大学所在地，如英国的剑桥、牛津，德国的海德堡等。所以，即使战火蔓延到英国，牛津城的节奏大抵一如从前，安然有序。

早前，为了能够让孩子平安出生，母亲伊莎贝尔在产前一周从伦敦搬到牛津。霍金很顺利地在牛津的一家医院里诞生。后来，霍金说，他降生的这一天，世界上大概有 20 万个婴儿出生。

霍金出生后，弗兰克一家人暂时在牛津躲避了一阵，但这并非长久之计。因此，刚刚出生两周的霍金就被母亲伊莎贝尔带回伦敦。这意味着年幼的霍金即将接受炮火的洗礼。

随着第二次世界大战愈演愈烈，伦敦无时无刻不处在危险中。敌机终日盘旋在伦敦上空，炸弹随时会在任何地方爆炸，这让伦敦人民万分惶恐。有一次，炸弹击中了霍金邻居家的房子，霍金家的房子也遭到了一定程度的破坏。幸运的是，当时在家的弗兰克并没有受伤，不过受到了很大的惊吓。

1945 年 8 月 15 日，日本天皇正式宣布无条件投降，第二次世界大战才终于画上了句号。伦敦安静下来了，霍金的童年也终于得到安宁。

战争结束后，弗兰克被任命为国立医学研究院寄生虫部的主任。霍金一家住在伦敦以北的海格特，当时那里住着许多科学家和学术界人士。安静雅致的生活环境，对霍金日后的成长有很大好处。

霍金的幼年时光是和战争硝烟相伴的，他能平安成长实属不易。可谁能料想，霍金虽然幸运地躲过了战争的伤害，日后却被病魔缠绕一生，这是一种比炮弹还让人恐慌的东西。这种病魔出现在他最美好的青春时期，使他从一个英俊潇洒的小伙子，变成了一个行动不便、说话困难的残疾人。不过，正如他传奇的降生一样，霍金的命运也因此开启了传奇的篇章，他用超人的毅力为理论物理学做出了卓越的贡献。

02

天衣无缝的家庭只为他存在

一个人在一生中如何成长，能够取得怎样的成就和他的家庭关系甚密。斯蒂芬·霍金能够创造出科学奇迹，成为 20 世纪继爱因斯坦之后最伟大的物理学家和宇宙学家，与他家庭的影响是分不开的。

在旁人看来，霍金的家是一个典型的书香门第，父母都是知识分子，家中散发着儒雅的气息，并且家中的每个成员都有着周围人所不能接受的超前意识。因此，在这种环境下成长起来的霍金，更容易成为一个思维活跃，热衷于追求真理的人。

霍金的父亲弗兰克·霍金毕业于牛津大学医学系，之后成为一位热带病专家。第二次世界大战爆发时，他正在东非研究当地的地方病，弗兰克是一位爱国者，当他听说爆发了战争，就立即起程，横穿非洲大陆后乘船返回英国，一心想到前线为祖国而战。不过，相比于他的爱国雄心，弗兰克精湛的医术对国家更有用处，他因此进入一个医学研究所，在那里，弗兰克遇到了他后来的妻子，也就是霍金的母亲伊莎贝尔。

伊莎贝尔出生在苏格兰格拉斯哥，在她的成长过程中，为了负担她以及兄弟姐妹们读大学的费用，伊莎贝尔的父母做出了相当大的牺牲。

霍金的外祖父是一位医生，共有 7 个孩子，伊莎贝尔排行老二。在当时那种社会环境下，女性接受高等教育的机会是比较少的。即便这样，伊莎贝尔还是在牛津大学完成了学业。

大学毕业后，伊莎贝尔从事过各种各样的工作，其中包括她并不喜欢的税务稽查员的工作，后来，她辞职到医学研究机构做了秘书。虽然伊莎贝尔并没有与秘书相关的工作经验，但天性活泼、友善的她对这项工作充满了兴趣。

弗兰克和伊莎贝尔，虽然都在牛津上过大学，但并非在牛津相识的，弗兰克比伊莎贝尔上大学要早一些，两人是在伊莎贝尔担任秘书的时候相识的。当时，弗兰克刚从非洲回来，经历了种种激动人心的探险。活泼而友善的伊莎贝尔与潇洒腼腆的研究员弗兰克一见钟情，他们在相爱一两年后，便喜结良缘了。

斯蒂芬·霍金的出生，给这对夫妇带来了极大的喜悦。尽管多年的战争让他们感到忧愁，但孩子的降临带来了幸福和快乐，因为这是他们相爱多年的结晶。

在霍金大约一岁半的时候，他的第一个妹妹玛丽出生了。不过，因为兄妹二人出生相隔太近，他们的关系并不是十分融洽。玛丽很讨父亲欢心，霍金感觉到有些失落。当然，成年后的霍金和玛丽各奔前程，童年时期彼此间的不愉快也就烟消云散了。

霍金的第二个妹妹是他快满 5 周岁的时候出生的。与玛丽不同，霍金万分企盼着她的到来。他天真地想，倘若我们家再添一个小孩，三个小孩在一起做游戏该是多么有趣。

霍金的父母给第三个孩子起名为菲利珀。菲利珀沉稳、聪慧、机敏，霍金十分宠爱她，有时还征求她的意见。

在两个妹妹出生后，霍金的小弟弟也来到了这个世界，只是他来得相当晚，出生时霍金已经快满 14 岁了。小弟弟虽然十分淘气，但格外惹人喜爱。霍金的童年并不孤单，他拥有一个和谐友爱的家庭，作为长子，他既得到了父母的疼爱，也体会到了手足之情，这对霍金乐观性格的形成有一定作用。

霍金的家庭格外关注对孩子的教育。霍金的父母一致认为，孩子们只有到剑桥和牛津这样的大学读书才会有前途，否则就会被人瞧不起，被人认为一无是处。在他们眼中，不从剑桥、牛津毕业，就难以成为知识界精英，更不可能进入上流社会。

弗兰克和伊莎贝尔之所以这样认为，或许和他们都在中产阶级家庭长大，从小就生活得比较富裕有关。但仅靠夫妇两人的收入扶养四个孩子并不是那么容易的，孩子们只有取得优异的成绩，才能取得奖学金，也才能上剑桥、牛津这样的名牌大学。

霍金的父母会经常给孩子们灌输这种观念，渐渐地，霍金脑中就留下了一定要努力读书考取名牌大学的印记。为了实现这个目标，父亲弗兰克在霍金读小学的时候，就万分希望他能够进英国最好的私立学校。只有从最好的私立学校毕业，才能够进最好的大学，这在弗兰克看来是顺理成章的事情。弗兰克经常强调这是霍金长大成才的必经之路。

为了让孩子们受到更好的教育，弗兰克夫妇对物质生活一直不是很看重。他们不赶时髦，更不会刻意追求浮华的外表。在他们看来，过分追求这些表面的东西，会妨碍他们对知识、理性的热爱和追求。他们要将有限的收入投入孩子们的学费上，以实现让孩子们进最好学校的目标。

不过，霍金的家庭并不拮据，虽然他们不注重物质生活，但是十分注重幸福家庭的品质。

为了让一家人之间更加亲密，多些共同的快乐时光，弗兰克夫妇竟然花 50 英镑买了一辆家用轿车。要知道，在那个时候，不是非常富裕的家庭根本买不起轿车，邻居们都用惊诧的眼光看着他们一家人每天自得其乐地开着轿车进进出出。这辆破旧的小轿车，给霍金一家带来了无尽的欢乐。

弗兰克和伊莎贝尔在激发孩子们的天性上更是费了一番心思。在孩子们还很小的时候，他们就十分注重培养孩子们的兴趣。弗兰克每年都会在国外出差一段时间，因此在很多人看来，他们家有点像单亲家庭，但实际上作为父亲的弗兰克对霍金的影响依然很大。

虽然弗兰克是医学出身，但真正令他感兴趣的，并不是当医生给人治病，而是研究隐藏在表面现象之下有关大自然的诸多奥秘。弗兰克热衷钻研的精神和探幽析微的爱好，深深地影响着霍金，培养了霍金对世界万物的探索精神。

在天气宜人、夜空碧净的晚上，弗兰克和伊莎贝尔就会带着孩子们躺在户外草地上，用双筒望远镜观看奇妙而神秘莫测的星空。

弗兰克经常和霍金一起制作烟火，观察烟火点燃时化学反应所产生的不同颜色；霍金有时还会被父亲带到实验室，在那里，弗兰克教霍金怎样通过显微镜观察微生物；弗兰克有机会还会带霍金到昆虫馆去，让霍金观看自己养的一些带有热带病菌的蚊子。霍金在父亲的带领和启迪下，渐渐领悟到了大自然的神奇，对宇宙逐渐有了初步的了解。可以说，霍金早年对科学产生兴趣，很大程度上来自父亲的鼓励和启迪。

如果说霍金在科学方面所受的影响主要来自父亲的话，那么在政治方面，则受母亲的影响多一些。

霍金的母亲伊莎贝尔比弗兰克要随和一些，她热衷于政治。20 世纪 50 年代，伊莎贝尔是自由党的积极成员，像那个时代许多英国知识分子一样，有着“左”倾的政治思想。与此同时，她还是一位积极支持核裁军的活跃分子。

伊莎贝尔常常鼓励霍金同她一起参加示威游行和政治集会。霍金受到母亲的影响，一直同情左翼力量，对自由党抱有好感，至今始终未曾消失。

父亲在科学方面引导着霍金，母亲在政治方面影响着霍金。因此，霍金从小就培养了同龄人少有的兴趣，并且形成了理性与感性相结合的思维方式。父母的言传身教，让霍金在文化修养与学术研究方面打下了很好的基础。

霍金童年居住在一幢又高又窄的维多利亚式房子中，这是霍金的父母在战时以非常便宜的价格买下的。平日里，霍金的家就是他与同学们聚会的大本营。

在霍金的同学们看来，他的家是个很不一样的地方，那里堆满了各种绘画、书籍、旧家具和霍金的父亲从世界各地收集来的奇珍异品。虽然大房子看起来陈旧了些，但总是打扫得干干净净的。

霍金的同学们每次来到他家，都会到房子顶层霍金的房间里去，这个房间很凌乱，摆满了东西，既像书房又像实验室，有未完成的作业、看了一半的课本、剩了半杯水的茶杯、飞机模型的零件，以及各种奇形怪状的小玩意儿。餐具柜里放着一些电动装置，同学们都不知道是用来做什么的。餐具柜旁边，还有一个用来做实验的试管架，试管里残留着一些液体；另外一边则堆放着用来做实验的电线、纸张、胶水和金属片等。

很难想象，一个有着如此布置的房间会是一个少年的住所。的确，霍金有着与同龄人不一样的兴趣，这也预示着他将拥有与同龄人不一样的命运。

这真是一个天衣无缝的家庭组合，与其说霍金的家是一个爱的天堂，不如说是一个培育人才的圣地。在这样一个家庭的影响下，霍金拥有了坚强的性格，他总是力争成为优秀的知识精英。他不会轻易受到世俗观念的影响，从小就具备了独立的价值观，培养了善于探索、主动思考的个性。这样一个家庭与霍金一样充满灵性，或许这种家庭注定只为他而存在。

03 圣奥尔本斯的“霍金语”

或许每一个天才少年在学校时都会有些不一样的表现，就像斯蒂芬·霍金一样，当他进入学校后，典型的“霍金语”让同学们印象深刻，可谁能料到，正是这样一个连说话都吞吞吐吐的人，最后却成了一名伟大的科学家。

在霍金 8 岁那年，他们一家搬到圣奥尔本斯居住。霍金因此到拉德莱特的预备学校上了一年学，然后参加测验孩子智力的“11+”考试，他考得很好，并由此获得了到圣奥尔本斯公立学校免费就读的机会。

尽管如此，但他的父亲并不高兴，弗兰克希望他考进威斯敏斯特学校，因为在弗兰克看来，只有接受私立学校的教育，才有可能取得未来事业的成功。

弗兰克的想法不是没有道理的。当时英国大多数议员都接受过良好的私立学校教育，那些在英国广播公司、大学和军队里担任高级职位的人也都接受过私立学校的教育。

而弗兰克曾经在一所学校背景不太好的小型私立学校念书，他隐隐约约感到别人对他有些偏见。这让弗兰克一度认为，父母的经济力量有限妨碍了他在事业上的发展。

弗兰克不希望儿子重走自己的路，所以他决定，一定要把霍金送到国内最好的学校去念书。后来，他选中了威斯敏斯特学校，这是英国一所非常出名的私立学校。

随之而来的现实问题是怎样才能支付得起昂贵的学费。很显然，仅仅靠弗兰克这样一位科学家的收入是很艰难的。这就需要霍金在进校考试时取得优秀的成绩，获得奖学金，这样就可以免去全部或部分学费了。

在弗兰克看来，霍金天资不错，很有希望获得奖学金。但弗兰克失望了，并不是霍金考得不好，而是恰好在考试那几天他生病了，导致他根本就没能应考。无奈之下，弗兰克只好把霍金送到了圣奥尔本斯学校读书。

圣奥尔本斯学校历史悠久，是本地一所著名的教学优秀的修道院学校。该校位于圣奥尔本斯城中心，坐落在大教堂附近，据说它与大教堂的关系可以上溯到948年，早已经成了大教堂的一部分。

1952年霍金入学时，该校有几百名男生。弗兰克为儿子没能进入威斯敏斯特学校而倍感懊悔，但后来发现圣奥尔本斯学校的教学质量还是很不错的。因为每一年学校都要根据成绩，把学生分成A、B、C三组。每个学生要在学校学习五年。五年之后，圣奥尔本斯学校会在学生学习结束后组织许多学科的普通水平考试，能够在考试中通过的学生通常要留在高级班，为两年后升入大学做准备。

霍金在圣奥尔本斯学校收获了很多东西，他的聪慧也在学习中充分体现出来。当时，老师经常给学生留很多家庭作业，霍金回到家之后每晚都要做两三个小时的作业。不过，几乎没有一项作业可以难倒他。如果说霍金在学习中有哪些欠缺的地方，那就是在书写上了，但这并不影响他的发展。

霍金的一位同学说："那时我知道的同学中，唯有霍金需要一本字帖，因为他写的字实在太糟了。他得到一本字帖，是一些句子，在每个句子下面都有五六行空白以便临摹。我不知道他持续了多久，或者他应该持续多久，但这是他的字写得无比糟糕的证据。"

超群的智力以及糟糕的书写并不足以让霍金"出名"，值得一提的是霍金讲的一口奇怪的"霍金语"。这让在校老师和同学印象颇为深刻。

其实，霍金的家人在讲话时也会有些口吃，别人常常不知道他们在表达什么，只感到他们说话结巴，显得十分笨拙。不过有些人认为，因为他们绝顶聪明，他们的言语跟不上他们极其活跃而敏锐的思想，所以形成了这种说话方式。

不仅是霍金，一些名人在说话的时候也是这样。丹麦伟大的物理学家尼耳斯·玻尔就有这个毛病，玻尔讲话总是不断地说"可是……不过……"，让别人摸不到头脑，听不懂他在说些什么。其实，在这"可是……不过……"的掩护下，他的大脑在极速运转。

霍金在说话的时候，总是支支吾吾说不清楚，也许他的思维是很清晰的，可听的人总是满脸惊愕，不知他在嘀咕些什么。也正是因为霍金有这个十分明显的毛病，所以，有少数老师和同学把他看做“傻瓜”，认为他将来不太可能有什么出息；但也有一些明智的老师和同学，被霍金罕见的智力所震撼，因此有人给他取了一个了不起的绰号：爱因斯坦。

在霍金 14 岁那年，两个同学对他做出了截然不同的评价。一个人认为他永远不会成才，而另一个则认为他必然铸就恢弘大业。为此，两个人还打了一个赌，赌资是一袋糖果。

在圣奥尔本斯学校读书期间，霍金说的话虽然被大家嘲笑为“霍金语”，但这并不影响同学们对他的好感，因为他总会做一些让大家吃惊的事情，得到同学们的关注。霍金一直是同学们议论的焦点，不管是受到夸赞还是贬斥，他始终是圣奥尔本斯学校“标志性”的人物。

04
爱上不一样的东西

斯蒂芬·霍金的童年与同龄人相比，更显得奇特一些。因为年幼的他总是玩一些不一样的东西，在霍金快3岁时，父亲弗兰克送给他一个玩具火车作为圣诞节礼物。要知道，在被战争硝烟笼罩的英国市场，玩具几乎是绝迹的。后来，弗兰克看到霍金对玩具火车极为着迷，就为他做了一列木头火车。没想到，霍金对此并不满足，他非常迫切地想要一列能动的玩具火车。

于是，弗兰克想办法弄到了一个二手的带发条的玩具火车，经过自己的修理，送给了霍金。虽然那火车上满发条后可以行驶，但霍金还不是十分满意。

战争结束后，有一次，弗兰克去美国，他在乘“玛丽皇后”号轮船的归途中特意为霍金买下一列美国火车玩具。这个火车玩具就很先进了，它带有排障器和“8”字形的轨道，霍金直到长大后还一直对它念念不忘。

当然，霍金并没有因为得到了玩具火车，就丧失对火车的兴趣。他想要真正的电动火车。那时，他经常到海格特附近的模型铁路俱乐部看火车模型展览，并且在那里一待就是几个小时。终于，霍金趁父母不在的时候，把自己存在银行里非常有限的钱取了出来，买了一列电动玩具火车。

霍金就是这样，只要他认准的事情，一定会想尽办法实现，因为他总是被兴趣强有力地牵引着。童年的霍金不仅对电动玩具火车感兴趣，还常与小伙伴们沉溺于发明棋类游戏和制作各种模型。

在霍金发明的那些游戏中，有一个相当复杂，这个游戏是以中世纪的英国为背景的。霍金将游戏规则设计得十分复杂，有时下一轮就要花一晚。当时霍金的小伙伴之一迈克尔·丘奇后来回忆说："他乐于看到他所创造的世界，更乐于看到大家都服从于他所创造的统治这个世界的定律。"

能发明如此复杂的游戏，可见霍金的思维能力以及动手能力远远超过了同龄人。而当这些贪玩的孩子厌倦了棋类游戏时，就开始制作飞机模型和电子器件。不过，他们制作的飞机往往不能飞行。有一次，霍金在制作电子器件时，想把一台旧电视机改造成电子放大器，结果遭到了电击，幸好因电流不强没有对他造成伤害。霍金就是这样，即使很危险，他依然会去探索。

在十几岁的时候，霍金喜欢上了制作飞机和轮船模型，虽然他的手并不十分灵巧，但他很乐意做这些工作。他常常和同学约翰·马克连纳汉一起做这些模型，霍金非常佩服马克连纳汉的灵巧和能干，马克连纳汉有着一双十分灵巧的手，其父亲在家里有一个车间，马克连纳汉的才能能够在那里得到培养和锻炼。

霍金的目标是建造可以控制、可以开动的电动模型。于是他与同学一起发明了非常复杂的游戏。制作这些游戏，不仅增强了霍金探究事物的欲望，还培养了他的发明能力和动手能力。这种创造发明的强烈渴求，直到在宇宙物理学的探讨中才得以满足。

霍金虽然年龄不大，但一向对电子产品很感兴趣。在圣奥尔本斯学习的最后两年，霍金和他的新伙伴们对电子计算机产生了兴趣，这些年纪尚轻的学生，竟然利用废旧零件制造了一台电子计算机。

要知道，在 20 世纪 50 年代后期，电子计算机可是稀罕物，一般只有一些政府部门和学校里会使用电子计算机。霍金为他们制造出来的计算机起名叫"逻辑单向选择计算机"。经过一个多月的调试，这台计算机开始工作了。虽然它的功能只限于解决一些特定的逻辑问题，但在同伴们看来，霍金非常了不起。为此，当地的一家报纸《哈福德广告报》还报道了这些"学生设计家"制造电子计算机的故事。这也是霍金第一次出现在新闻媒体上。

此后，霍金和他的伙伴们进一步制造出了更高级的电子计算机。霍金对发明创造的兴趣是无止境的，他试图更加深入地探索神秘奥妙的世界。

当然，霍金不仅对发明创造感兴趣，他还热衷于其他方面。1954 年年底，霍金和他的朋友们将兴趣转向宗教。不过，霍金并没有狂热地投入全部身心到信奉宗教上。即便其中一个小伙伴信奉了基督教，对其他小伙伴产生了极大的影响，霍金也没有因此而改变自己的价值观。

霍金在这段时间里也感到十分苦恼，因为他既对宗教抱有极大的兴趣，但又不愿意陷入这种狂热的信仰之中。一方面，他身上的理性主义精神不允许他向情感低头，另一方面，他又要设法保持自己同小伙伴的友谊。在这种矛盾的心态中，霍金徘徊了半年多，最终他既设法保住了朋友，也保持了超然，并且学会了处理矛盾的技巧与方法。更为有趣的是，当霍金上完三年级的时候，他竟获得了学校所颁发的神学奖。

霍金及其伙伴对基督教的兴趣维持了大半年，在这段时间里，他们像过去发明游戏和制作模型那样在家中聚会，有时候一边喝着橙汁汽水，一边讨论信仰和对上帝的认识问题。这些孩子的内心因此也得以发展，他们试图理解和探讨世界和生命的意义。

在伙伴们的眼中，霍金是那么不同寻常，他非常聪明和富有创造性，仿佛能看穿世界的一切。后来，霍金又对超感知觉（ESP）有了很大的兴趣。

在当时，超感知觉是一个热门话题，霍金和他的小伙伴们经常聚集在他的小房间里做实验，一心想证明“意念力控制”的存在。

不过，这种兴趣并没有持续太长时间。有一次，霍金听了一个关于超感知觉实验研究的讲座，在讲座中，他对超感知觉产生了怀疑。

当时，主讲人向听众们进行演示，可是当超感知觉的实验取得理想的效果时，霍金发现实验的设计是存在问题的，而一旦实验遵循科学的程序、按照科学的方法进行时，就得不到什么结果。因此，霍金对超感知觉的态度由神往转变为轻蔑。他认为，那些相信超感知觉这类东西的人，都是十分滑稽可笑的，分析能力也不够高。年少的霍金在对待事物的判断上总有自己独到的想法，他的主见是同龄孩子无法超越的。

霍金在年少时就表现出了和普通孩子不同的特性，他天性聪明，并且总是特立独行地研究自己感兴趣的东西，他玩的东西和别人的不一样，也就注定他的思维异于常人，拥有与常人不一样的命运。

05 非同一般的悟性

一个人若想获得成功，一方面需要他自身的勤奋、努力，另一方面还需要他拥有出色的悟性。一个对自己投身的行业没有悟性的人，是很难到达成功巅峰的。斯蒂芬·霍金就是一个对科学很有悟性的人。

在霍金上三年级的时候，他的老师就认识到他是一个聪明的学生。当时霍金所在的班，是年级中最好的，他在班里成绩属中等偏上，并非最优秀的学生。

当时在班上，一些志趣相投的同学组成了一个小组，霍金就是这个小组的一名成员。这个小组的同学都非常聪明。他们常常聚在一起收听英国广播公司的节目，一边复习功课，一边聆听莫扎特、马勒、贝多芬的乐曲。另外，他们还会在一起阅读著名作家的作品，一起去音乐厅听音乐，提升自己的文学艺术素养。

这些孩子都在某一方面有着独特的悟性。其中一个学生叫巴兹尔·金，他长得英俊潇洒，10 岁的时候就开始读莫泊桑的小说，大家都很喜欢他。

霍金的好友约翰·马克连纳汉也在这个小组里。他个子不高，留着一头深褐色的头发，圆圆的脸上带着稚气。在小组中，马克连纳汉是动手能力最强的一个。

小组中还有一个长着一头金发的学生，他是比尔·克莱格霍恩，还有具有艺术气质、充满活力的罗杰·费尼霍夫，以及后来才加入这个小组的迈克尔·丘奇。这个小组的学生因为在班里成绩突出，尤其受到老师的重视。

在这个小组里，霍金也充分展示了他的悟性。不管是在科学实践方面，还是在天文研究方面，霍金都表现出非同一般的想象力，拥有独树一帜的见解。

中学时代的霍金成绩优异，这一方面来自圣奥尔本斯学校的优质教学，另一方面则与他的出色悟性是分不开的。

圣奥尔本斯学校的教学水平是一流的，这所学校为开发学生的天赋和培养学生的才能提供了一流的环境。在众多教师中，学生们评价最高的是一位刚刚硕士毕业的老师，他把电台的一些节目录制下来，在班里播放，让学生们讨论并发表看法，学生们集思广益，畅谈各种话题，思维变得开阔很多。这在当时是非常超前和带有探索性的，又使得课堂富有趣味，因此，极受学生们的欢迎。

这种教学方法对启发学生们的智力意义重大，很大程度上影响了学生们的未来发展。在这个过程中，霍金的悟性也再次表现出来。

1957 年 7 月，斯蒂芬·霍金学完了所有的课程，非常顺利地通过了普通水平考试。在圣奥尔本斯学校读书的最后两年，学生们都要考虑选择高级水平课程的科目，霍金毅然选择了学习数理专业。分了专业后，霍金受到数学老师塔他先生的极大影响。

塔他老师讲课极富趣味性，他在学校里设了一间数学教室，放置了许多数学器具，这极大地调动了霍金和其他学生的兴趣。

不过，霍金的父亲一直认为学习数学没有什么前景，在他看来，学数学除了教书，很难找到其他工作，而他所期望的是霍金将来能够从事医学研究，不过可惜的是，霍金对与医学相关的生物学并没有什么兴趣。

在塔他老师的指导下，霍金在数学方面的才能慢慢显露出来，即便他在数学作业上花的时间很少，但依旧能得到满分。

迈克尔·丘奇在若干年后回忆道："他天生就具有令人惊奇的悟性，当我还在为一道复杂的数学题而冥思苦想时，他已经知道了答案——他想都不用想。"

在物理课上，老师提出问题，在同学们议论纷纷时，霍金总是非常迅速地说出正确的答案，并能给出充分的理由。霍金的通透思维给老师和同学留下了极深的印象。

超群的悟性在霍金成长过程中起到了非常巨大的作用，也为他今后的科学研究奠定了坚实的基础。

第二章
生命的怒放
——激情燃烧的青春

狄克斯记得霍金是个喧闹的小伙子，他曾这样描述过霍金：他相当爱冒险，他跟船员们一起上了船之后，你根本就不知道他会整出点什么事情来。他有时会带着断桨回来，有时会因为没把好舵而把船给撞坏了，狄克斯把这些事故的原因归咎于霍金在操舵时很可能在想着物理学上的事情。“我得到一种明确的印象，他坐在船尾，但脑子放在星星上，想着他的数学公式。”

01
叩开牛津的大门

这是霍金梦想起飞的地方，在这里，霍金开始了自己梦的航程。

它是一所历史悠久、声望极高的世界著名大学，建于 12 世纪末，位于英国，早期设有神学、法律、医学、艺术等学院。它享誉世界，英国历史上许多伟大人物的名字都与它联系在一起。例如，“天文学之父”哈雷曾在这里学习，化学学家波义耳在这里发现了著名的波义耳定律……除此之外，它也是培养政治家、经济学家、艺术家等的重要地方，许多总统、首相、诗人、音乐家均毕业于此。它是许多年轻人狂热追求的学校，甚至是他们毕生的理想。

它就是霍金梦想的摇篮——牛津大学，霍金在这里开始了激情燃烧的青春岁月。

霍金之所以能与牛津大学结缘，有一部分是父亲弗兰克的原因。牛津大学是世界一流的大学，也是弗兰克的母校，他曾经在这所学院获得博士学位，因此对牛津大学别有一番情谊，他希望自己的儿子也能进入这所大学学习，将来谋得更好的发展。

霍金在中学的最后一年，父亲弗兰克和他多次讨论过今后考哪一所大学，读什么专业的问题。对于考哪一所大学，两人都不约而同地认为牛津是最好的选择，但在专业上，父子二人却各执己见，两个人为此产生了分歧。

由于父亲是做科学研究的，霍金从小耳濡目染，在父亲潜移默化的影响下，他也希望自己走上科学研究的道路。霍金这种想法倒是与父亲高度一致，但弗兰克更希望他从事医学研究，这就与霍金的爱好与兴趣相背离了。因为霍金从小酷爱数学，医学或者生物学完全提不起他的兴趣，他觉得这些学科不够神秘。

但弗兰克从现实角度出发，认为从数学系毕业以后，除了教书就别无他途，而教书的职位又极为有限。这种在孩子选择专业时产生的争论，似乎在很多人身上都发生过。如爱因斯坦当年选择物理专业时，其父也以同样的理由激烈地反对过。

霍金的专业选择虽然遭到父亲的反对，可他是一个执著于自己的想法的人，他知道自己想要的是什么，于是，他并未遂父亲所愿去学习医学。弗兰克虽然同意了他的选择，却执意让他进入牛津大学的大学学院学习，这所学院恰好没有数学专业。最终两人争论的结果是：霍金同意考牛津大学的大学学院，但既不学数学也不学医学，而是学习物理和化学，数学，只附带学一点点。

这种结果霍金还算满意，因为他也非常喜欢物理，他认为物理学研究的是整个宇宙，小到原子、质子、中子和电子，大到整个浩瀚的宇宙，他都非常向往，一心想探究其中的奥秘。

至于他钟爱的数学，那是研究物理的工具，虽然少学了一点，但他觉得并无大碍。可正是这一点小小的偏见为他后来的研究带来了不小的麻烦，对数学的不重视使得他的很多研究陷入困境。这与爱因斯坦的情况非常相似。爱因斯坦读大学时也轻视了数学对物理学的重大价值，被数学老师视为“一头懒猪”。最后爱因斯坦因为缺乏足够的数学知识，延误了广义相对论的研究。

1958 年，霍金在圣奥尔本斯学习的最后一年，弗兰克在一个叫做“科伦坡计划”的研究机构中找到一份研究工作，因此必须到印度和其他地区的研究所工作，时间大约是一年。霍金的父母便将霍金安置在他们的同事兼朋友约翰·汉弗莱家里接受照料，其他家庭成员则随父亲暂时搬往印度。

让弗兰克放心不下的自然是霍金的牛津大学计划，他显然不是很相信儿子的实力，于是在去印度之前，他带着霍金去见牛津大学大学学院物理系的罗伯·伯曼教授，希望通过往日的交情让儿子得到一些额外“关照”，获得牛津大学的奖学金。可事与愿违，这种不恰当的行为使伯曼教授对霍金父亲颇为不满，他曾回忆说：“弗兰克所施加的那种压力，一般都会使儿子从候选名单中立刻除名，但霍金的考试成绩异常出色，所以后来我们变得很喜欢他。”

其实霍金的父亲完全没有必要为儿子寻找额外的“关照”，因为霍金的骄人成绩足够让他获得教授们的重视。

牛津大学入学考试的题目相当难，包括 5 份试卷，2 份物理试卷，2 份数学试卷和 1 份常识试卷，要考上两天，总共 12 个半小时。12 个半小时的笔试与一个物理实习考试之后，紧接着就是口试。首先是一般口试，考生必须接受来自校长、院长与本科教授的盘问，类似求职面试，测试学生的反应能力以及其他方面的才能和特长，有助于对学生有一个全面的了解。笔试与面试结束之后，一个完整的入学考试算是结束了。

霍金也与其他同学一样度过了紧张的两天，待这一切结束之后，他便回到圣奥尔本斯，焦急地等待考试结果。

等待的过程总是难耐的，10 天过去了，霍金没有收到任何通知，他心急如焚，以为自己的梦想就这样破灭了，自己脑海中曾经幻想过的大学生活也将消失。没过多久，一个令人振奋的消息终于传来了，通知他去参加另一次考试——口试，这才让霍金的紧张情绪平复了一些。

他高兴万分，因为他知道自己的牛津梦总算有了希望，收到口试通知就表明他很有可能被牛津大学录取。事实上，霍金并不需要紧张，他的笔试成绩非常优异，物理考了 95 分的高分，其他几门功课也与这个分数差不多。

霍金参加了第二次面试，之后不久，牛津大学的大学学院便决定给他提供奖学金，邀请他 10 月到牛津大学注册。

霍金就这样戏剧性地叩开了牛津大学的大门，开始了他的大学生涯。

02 不走寻常路

1959 年 10 月 1 日，这天是星期四，对于别人来说是一个再普通不过的日子，可对霍金来说格外特别，因为从那天起，霍金作为牛津大学的一名新生开始了新的学习与生活。

人们常说，牛津跟意大利、德国那些国家中美丽的城市一样，有一种阳光与砂石互相作用而形成的灵光，几个世纪以来，它激发了很多诗人与画家的灵感，这里是许多伟大作品与伟大发明的诞生地。牛津的魅力一直都在，从未消失。

牛津大学几乎占据了整个城市——它无所不在，并没有中心枢纽或者有组织的建筑：学院到处零星散布，与城市的其余部分交织成一片。

曾经有人说，穿过牛津城犹如进入历史。还有人说："没有牛津大学，就不会有后来的剑桥、哈佛、耶鲁和普林斯顿这些大学。"这些微妙的新奇感与兴奋感，霍金在第一次行走于牛津的高街上时也能点点触摸到。他感觉这座古老悠远的学校，像一位神秘的历史老人，正以那古色古香的楼堂殿塔和那 800 年的风雨历程向他诉说着独特而璀璨的故事。

牛津大学的校徽上有一本摊开的书，上面写着大学的箴言："主照亮我"。大学学院的校徽则是中间一个十字架，四周有 5 只小鸟。霍金考取的正是这所历史悠久的学院。

在 20 世纪 50 年代后期到 60 年代初期，牛津就像英国社会的缩影。20 世纪

50 年代，虽说牛津大学已经开始走向民主，来自中产阶级和工人阶级家庭的学生逐渐增多，但其学生的大多数仍然来自全国各地有名的私立学校，牛津大学的阶级制度变得更加精细与明显，不同阶级之间存在着明显的界限划分。一边的阵营是由上流精英、贵族子弟与万贯财产的继承人组成，这些学生有大把大把的零花钱用，根本瞧不起来自圣奥尔本斯这样不知名学校的学生，所以，霍金更加怀念在圣奥尔本斯那自由自在、志同道合的中学生活，这多少让他感到一丝落寞，但这并不影响霍金对学术的追求，他开始投入学习中。

霍金进入牛津大学的大学学院以后，先后有两个导师，除了罗伯·伯曼教授以外，还有派却克·沈德斯当过他的导师。由于霍金比同学小一岁，而且比起那些战争结束以后从部队回到学校的年纪较大的学生，他显得有些稚嫩，缺少融入同学们当中的能力和胆量。所以，虽然有导师的帮助，虽然牛津有许多魅力，但霍金在此度过的第一年也可以说是一段悲苦的时期。缺少友谊是一方面，功课也让霍金觉得索然无味。他几乎可以毫不费力地解答导师出的任何物理或者数学问题，这种很少碰到困难、轻易就能取得的胜利给他带来了极大的空虚感，他觉得自己在学术上并没有任何成就感可言，他的心更落寞了。

在霍金上大学的那个年代，牛津大学学生中还流行着一种很不好的风气：学生普遍厌恶用功读书。这似乎是一种对社会不满而采取的消极抵制态度。你要么毫不费力就得到优秀的成绩，要么就干脆拿一个最差的成绩；如果你是因为非常用功而得到好成绩，就会被同学们瞧不起，很多学生还戏谑地为这类同学取了一个让大家颇感憎恶的绰号：“灰人”。

霍金本来就有些懒散，加上大家都逃课，而且他觉得大学课程太过简单，所以他自然而然地成为上面说的第一类学生，毫不费力就得到了优秀的成绩。他的导师很坦率地说：“当时的物理课，不过是重复中学高级版的课程，对于霍金这种极聪颖的学生用途不大。”

霍金的确是一名特别的学生，他在牛津大学所走的学术路也特别不寻常。其实，他早在刚刚进入牛津时就让人刮目相看了。他对大学课程的直觉性理解，曾引起一些逸闻，这些故事不禁使人想起少年莫扎特。一位曾与霍金一起上辅导课的同学记得一件令他终生难忘的小插曲。那天的习题除了霍金之外，没有人能解得出来。导师检查了他的作业，对他做的一个特别困难的定理证明，留下了深刻印象，并为此称赞了他。而霍金取回作业之后，毫无骄傲之色，把它搓成一团就扔到了房间角落的纸篓里。

霍金很少做笔记，而且只有少数几本教科书。关于教科书也有一件很有趣的事情：

一天，一位导师根据一本教科书给全班出了一些习题。霍金在下一次上课时，竟然没有完成任何一题。当导师问他原因时，他却花了 20 分钟指出那本教科书中存在的错误。

也许伟大的人终究是不走寻常之路，他们总会在某些语言、行为上表现得异于常人，常有惊人之举，霍金也是如此。

尽管霍金的才智得到了老师和学生们的认可，但他大学期间对学业总是抱着懒散的态度，甚至可以说是一名不用功读书的学生。后来，霍金回忆大学生活时，有些内疚地说："那时牛津大学物理课程的安排，使得学生很容易逃避用功。我上大学前考了一次，然后在牛津过了三年，最后考一次毕业考。我曾计算过，在牛津的三年中，我大约总共学习了 1000 小时，也就是平均每天一小时。我并不是为那时不用功而感到骄傲，我只不过是描述当时的想法而已。那时我和大部分同学都有一种心态，觉得没有任何事情值得努力争取。"

这种懒散的状态，一直持续到 1962 年。就在这一年，霍金身上发生了一件令人痛苦不已的事情，彻底地改变了他的生活态度。

1962 年，霍金被剑桥大学录取为研究生，这本该是一件值得高兴的事情，可是一场巨大的不幸——无法治愈的疾病降临到了霍金身上。都说人需要某些痛苦的刺激才能对生命有彻底的醒悟，这场不幸真的彻底改变了霍金的认知，无论在生活方式还是学习方式上，他的思维开始发生变化，他也开始由一个懒散的人转变为一个积极上进的人。

霍金曾经对这场不幸带来的巨变，说了一句颇有哲理的警语，他说："我的疾病带来的一个结果就是把这一切都改变了：当面临着死亡的可能时，你就会意识到，生命是宝贵的，你有大量的事情要做。"

03

不安分的舵手

18 岁那年，他迷恋上了赛艇。

在牛津大学的日子，霍金的大学生活并不是轰轰烈烈的，反而有些乏味，幸好他在二年级的时候发现了一件有趣的事情，从此为他的情绪找到了稳定剂，那就是一项运动——赛艇。

赛艇运动在牛津大学与剑桥大学有着古老的传统，这项赛事每年 4 月 3 日在泰晤士河下游举行，由去年落败的一方发起挑战，能吸引几十万观众在河边呐喊助威，在全球有上亿电视观众，场面盛大。比赛航程是从伦敦的普特尼桥沿泰晤士河逆流而上，直到西面的摩特雷克镇，全程 4 英里半。

赛艇形状类似织布用的梭子，两头尖而狭长，有桨架；艇内有可以前后滑动的活动座位。划桨手一般都由身材魁梧、肌肉发达的学生担任，但掌舵的人最好由个头不高或者体形微瘦的人担任，这样才可以减轻总重量。也许正是由于这个原因，霍金才被选中。因为他个头矮小，不强壮，再加上他声音洪亮，具有纪律性，被认为是理想的舵手。

赛艇是一项需要争胜负的活动，参加的人态度必须认真、严肃。选手为了得到好的成绩，不论雨天还是雪天都得下水训练，在严冬清晨中破冰，在初夏烈日下挥汗，整个过程充满了辛苦和奉献。这也是它在大学里极受欢迎的原因，刺激且令人有成就感。但是由于训练需要耗费大量时间，大部分学生担心因此耽误课程，所以对这项运动只能忍痛割爱。可对霍金来说，赛艇无疑是送给自己的一件很好的礼物。他不仅可以借此机会认识许多不同的朋友，也可以让自己的生活丰富起来，不再那么无聊和落寞。

果真一切如他所愿，他结交了很多不同类型的朋友，他的个性也在这个过程中渐渐改变了。要知道，赛艇俱乐部的成员都是一些善于享受快乐生活的大学生。他们在与霍金一起训练的时候，慢慢地改变了这个郁郁寡欢的书呆子，使他变成了一名能与大家融洽相处的舵手。

霍金在赛艇俱乐部期间还发生过一件有趣的事情。

赛艇俱乐部可以说是一个男性的世界，他们会在比赛之后痛饮麦酒，胜者大肆庆祝，败者互相安慰。这天晚上，霍金决定做一件引人注目的事情，在与朋友喝了几杯酒之后，他们拿了刷子和油漆，在黑暗中把“投自由党人的票”几个斗大的字，用油漆刷在一座人行桥外边的桥栏上。当霍金无比兴奋地刷完最后一个字母的时候，一束手电筒的光射到他们身上，伴随着一声怒喝：“你们想干什么？”

霍金的朋友仓皇而逃，霍金却被警察逮个正着，还收到“附赠”的一张罚单。这可把霍金吓坏了，从此他再也不做违法的事情，只把这种冒险的精力发泄在赛艇上。

朋友们都记得，霍金在牛津大学的第二和第三年里被大家视为一个精力充沛、日子过得轻松愉快的人，还是个适应能力很强的人。“他留着长长的头发，喜欢古典音乐和科幻小说，他的风趣也是出了名的”。

他们的赛艇教练员是诺曼·狄克斯，这位教练已经在牛津大学学院赛艇俱乐部工作了几十年，他回忆霍金的时候说霍金是一名很出色的舵手。狄克斯记得霍金是个喧闹的小伙子，他曾这样描述霍金：“他相当爱冒险，他跟船员们一起上了船之后，你根本就不知道他会整出点什么事情来。”他有时会带着断桨回来，有时会因为没把好舵而把船给撞坏了，狄克斯把这些事故的原因归咎于霍金在操舵时很可能想着物理学上的事情。“我得到一种明确的印象，他坐在船尾，但脑子放在星星上，想着他的数学公式。”霍金在赛艇俱乐部的日子是非常快乐的，大家也都很认同他。

赛艇比赛每年在第三个学期快要结束的时候举行，那个时候正是夏天，举行的地点就在被人们亲切地称为伊希斯（古埃及主管生育和繁殖的女神）的泰晤士河上，参赛者要在这 8 周的时间里积极地参与河上训练。参赛者在河上操练得非常努力，学期中，他们几乎每天都出去划船，为划船大赛而加紧练习。

虽然因为课程轻松而养成了懒散的习惯，但霍金本性是非常认真的，自从加入赛艇俱乐部，他和高登（同为物理专业的学生）每周都会有 6 个下午在河上练习，这严重耽误了每周 3 天的物理实验。那时候牛津大学学院有规定，物理实验课程要求学生从上午 9 点到下午 3 点，必须待在实验室里，完成基本的物理实验。但由于霍金和高登对赛艇的深深迷恋，下午的实验室里绝对看不到他们俩的踪影。后来高登在回忆时愉快地说："霍金和我一周有 6 个下午理所当然地待在河上划船。这样，我们就得牺牲一些课程，于是物理实验被我们放弃了。"

当然，他们并不是呆笨地等着导师来训斥的学生，他们有自己的办法，早已想好了两全之策。他们总是早早地进实验室，然后利用上午这点时间收集实验数据。他们都是非常聪明的学生，所以只要有一些数据，他们就能做出较为全面的数据分析。导师面对他们的数据分析，尽管心存疑惑，却也挑不出什么毛病。高登说："这要花费一些心思，我们必须使那些改实验报告的教师相信，我们按部就班地做过了……我们必须非常小心地完成实验报告。我们从未欺骗过老师，只是做了大量的分析。"

霍金和高登都希望自己的大学生活过得丰富多彩，赛艇俱乐部无疑是一个很好的释放自己的地方。赛艇帮助这个 18 岁的青年跳出了烦恼，并让他成为大学群体的一分子。霍金是一名不安分的舵手，却在赛艇中获得了无与伦比的快乐。

04

剑桥大学的“入场券”

霍金在牛津大学的三年很快就要过去了。他毫不犹豫地接受了另一所著名学校——剑桥大学的邀请。接下来的日子，他就是在这所与牛津一样著名的学校中度过的。

剑桥是一个古朴而典雅的大学城，世界顶尖大学之一——剑桥大学就坐落在这座城市里。剑河蜿蜒流经剑桥城，河东岸有 15 世纪修建的圣玛丽大教堂、评议会大厦、国王学院等，还有其他一些名胜古迹遍布周围，如圣贝内特教堂、诺曼式圣墓教堂、圣爱德华教堂和菲茨威廉博物馆。剑桥大学与剑桥城一样有着深厚的历史积淀，其历史可以追溯至 1209 年，那时，一些学者从牛津迁到这里组建学校，教皇后来则给予这所学校保护性确认。剑桥大学是模仿巴黎大学和牛津大学的形式建造的，大学的各个学院都是独立的教学机构，享有很大的自治权，是一所规模一流的大学。

1669 年，著名物理学家牛顿来到剑桥大学教授数学，大大提高了该校的学术地位。如今，剑桥大学更是世界知名的学府，有着很高的名望。英国许多著名的科学家、作家、政治家都毕业于这所大学。除此，剑桥大学也是诞生诺贝尔奖得主最多的高等学府，80 多名诺贝尔奖获得者曾经在此执教或学习过。

霍金选择了这样一个重要的学习场所继续自己的学术生涯，并且在这里度过了非常有意义的几年。至于霍金走进剑桥大学的过程，也是令他在忐忑中夹杂着兴奋的。

任何时候，对于学生来说，“分数”都是一个重要的砝码。在即将从牛津大学毕业的日子里，对于霍金和他的同学们来说，最重要的事情就是毕业考试。这次考试非常关键，甚至关系到每个学生的前途和命运，所以每个人都在为这最后一次考试紧张复习着。

霍金虽然聪明，可这个时候也发现自己准备得不够充分，感觉到了考试的压力。他的导师伯曼也说：“我知道霍金的天分很高，但我想霍金仍会发现考试比预料中要难。”

一般来说，牛津大学成绩优异的学生可分为两类：一类是自身聪明又勤奋努力学习的学生；另一类是具有极高的天分，但不花太多时间学习的学生。总体来看，前一种学生在笔试时表现得较为出色。毕业考试是将三年来的全部学业放在一起考查，考的是综合实力，只有过与不过两种结果。霍金深知自己在过去的三年里根本没有投入足够的时间在学习上，这多少让他缺少底气。

思前想后，霍金终于找到了一个办法。牛津大学考试覆盖的范围很广，考生对每份考卷中的题目都可以有充分的选择，所以他决定只做那些理论物理的考题，而不做那些需要详细记忆的题目，这样就巧妙地避开了自己没有花时间去死记硬背的知识，而把自己独特的优势突显出来了。他明白，利用自己的天分与对本学科的直觉，应该可以解决任何理论问题。显然，他的策略是正确的，他成功了。

霍金之所以如此担心考试，其中一个很重要的原因还是他已向剑桥大学提出申请，准备跟随当时英国最杰出的天文学家弗莱德·霍伊尔攻读宇宙学博士。但如果想被剑桥大学录取，他必须得到牛津所授予的最高荣誉——第一等荣誉学位，否则，被剑桥大学录取的机会非常渺茫。

考试的前一天晚上，霍金与其他三个同学聚在一起吃晚饭，他们没有讨论考试，而是相互抒发离愁别感，毕竟大家是一起生活多年的同窗，共同哭过、笑过，有着太多难以忘怀的经历。回到宿舍后，霍金躺在床上失眠了，这也许是由于他精神过于紧张加上即将离别的感慨所致。

第二天早上，霍金与其他同学一样，穿上考生必穿的校服，佩戴上蝴蝶领结，惴惴不安地向考试大厅走去。在路上，他看见穿着同样制服的几百名学生沿着人行道行走，有的臂下夹着书本，有的在进考场之前还拼命吸着最后一口烟——这也可以算是一场盛会。

高高的天花板上，巨大的树枝形吊灯悬挂下来，一排一排硬木书桌与硬木椅子……考场的气氛总是严肃而安静的，充满着一种紧张的味道。监考者在一排排座位旁走来走去，用锐利的目光扫视着各种姿态的考生——有的拿到卷子之后奋笔疾书，有的盯着天花板发呆，有的用手快速地转动着钢笔。试卷发到霍金这里的时候，彻夜未眠的他立即清醒过来，按照自己既定的计划答题，迅速进入了状态。

紧张的考试终于结束，所有学生都松了口气。牛津又呈现出热闹繁华的景象，很多学生都聚在一起聊着、笑着，霍金也是如此。他与同学们一起走上街头，手里拿着香槟酒，尽情地享受着此刻的轻松和快乐。

不过，接下来就是焦急地等待考试结果的日子。

成绩终于出来了，霍金的成绩处于第一等和第二等之间。当时，只有毕业考试成绩为第一等的学生才有资格到剑桥大学攻读研究生，否则必须经过近乎苛刻的面试以争取机会。霍金当然非常想去剑桥大学继续深造，但他能否被剑桥大学录取只有待面试以后才能决定。于是，面试便成为霍金面临的又一大难题。

面试那天，当导师们问霍金对未来如何规划时，霍金坦率地回答道："如果通过面试，我的成绩被定为第一等，我就去剑桥大学读书；如果我的成绩被定为第二等，我只好继续留在牛津大学学习。所以，我料想您会给我第一等。"

这样明朗的语言，不矫揉，不造作，彻底打动了导师们，他们果真给予了霍金第一等成绩，让霍金如愿以偿地取得了剑桥大学的"入场券"。

第三章 魔鬼来敲门

——心中有光亮，便可穿透灾难的墙

那时，霍金的病症明显加剧，珍妮甚至不敢肯定他是否有力气驾驶父亲的车去参加节庆。但霍金不仅自己驾车，还在乡间小路上风驰电掣般地开车，把珍妮吓坏了。当然，霍金还是安全地把她带到舞会并将她送回了家。他们俩在一起度过了一段美好的时光。

两个人见面越来越频繁，渐渐发展成了一种亲密的关系。珍妮在感受着爱情甜蜜的同时，内心也有些纠结。因为她意识到，他们的爱情注定是短命的，这样的关系很可能会导致令人心碎的结果。

01
十字路口处的选择

1962 年 10 月，20 岁的霍金来到剑桥大学攻读研究生。

那是一个秋天的早晨，天上正下着蒙蒙细雨，霍金穿过起伏的山和大片的草地，踏入了这座充满神秘色彩的大学城——“英格兰唯一真正的大学城”。他终于实现了自己的梦想，成为剑桥大学的一名研究生。走在剑桥大学的校园里，他的激动之情真是难以言喻。

当霍金进入学校的欣喜还未落下帷幕的时候，一个恼人的问题出现了，那就是如何选择专业方向问题。

在理论物理学中，有两个方向是最基本的：一个是研究宇宙的宏观方向，另一个是研究基本粒子的微观方向。也就是说，一种是基本粒子，研究最小的东西；另一种是宇宙学，研究极大的东西。

在霍金面前有两条路：一条是选择量子物理学，另一条是选择宇宙学。

最终，霍金选择了宇宙学。正如他自己所说：“我认为基本粒子不大有吸引力，因为虽然他们不断发现许多新的粒子，但是没有一个适当的基本粒子理论。他们能做的只是像植物学家那样，把各种粒子加以分类。而在另一方面，宇宙有着定义明确的理论——爱因斯坦的广义相对论。”为了深入了解宇宙学，霍金必须研究一些由已经辞世的科学家爱因斯坦构建出来的复杂数学方程，也就是广义相对论。

爱因斯坦的广义相对论认为重力并非一种“力”。爱因斯坦认为空间和时间彼此紧密联系，两者共同组成了一个统一体——时空连续体。物体实际上将其四周的时空弯曲了，而这才是真正的重力——时空连续体中的曲线。对于像网球这样的小物体，它的“曲线”微乎其微；而对于像太阳这样硕大的物体，它的“曲线”就大到足以被测算出来。正是时空连续体中的“曲线”让空中的球落回地面，让行星围着太阳转，而不会脱轨飞到外太空。

在爱因斯坦之前，大部分人都认同英国伟大科学家牛顿的理论。牛顿将重力描述成两个物体间的吸力。当你把球抛向空中，重力会马上把球“吸”下来。而爱因斯坦的研究极大地改变了科学界对重力的看法。

爱因斯坦的相对论学说建立在一系列推导和测算的基础之上，即便如霍金这样天资聪颖的人，要弄懂爱因斯坦的数学方程也并非易事。加上霍金在牛津大学时数学念得并不多，他到剑桥学习后才发现数学的重大用途。当遇到广义相对论的复杂运算时，他总会陷入困境。除此，霍金在牛津大学里所养成的懒散作风并未完全消除，他仍旧照着自己之前的懒散方式工作。但剑桥大学的课业负担比牛津大学重得多，如果还像在牛津大学那样不用功的话，就很难跟上所学的课程，霍金不得不慢慢适应这里的学习和生活环境。

另外，霍金之所以选择剑桥大学，是因为在牛津大学没有研究宇宙学的条件，而且还有最重要的一点，那就是他想进入弗莱德·霍伊尔门下。霍伊尔是宇宙学领域中名声显赫的一位，有着世界性的声誉。然而，阴差阳错的是，霍金最终没能投奔到霍伊尔的门下，却被分配给一位不太有名的科学家——丹尼斯·夏玛教授。

在刚进入剑桥大学的一段时间里，这个变化给霍金带来了沉重的打击，他产生了很大的心理落差，但其实跟着夏玛教授也是不错的选择。霍伊尔因为自身声誉远播，常被安排很多出国访问、做报告等活动，这种情况下，分配给学生的时间就会少之又少。而夏玛教授不同，他可以专心地为自己的学生提供帮助，有时间还可以与霍金讨论各种问题，负起了一个导师应尽的责任。最终，夏玛教授证明了自己的价值，他同样也是一位杰出的科学家，同时还是一位能够激励人心的导师。这对于霍金来说，也是一种幸运。当然，这些都是后话，在最初的时候，霍金只是为没能如愿成为霍伊尔的学生失落不已，这在一定程度上为霍金适应剑桥的生活增添了一些阻碍。

所以，霍金在剑桥大学第一学期的情况很糟糕。

鉴于此，夏玛教授对霍金的状况十分担忧。然而，谁都没有想到，一场更大的危机正向霍金袭来。

02

神秘的怪病

除了学业，还有一件事让霍金备受折磨，那就是他的身体开始出现问题。

他的身体似乎失去了稳定性，说话也变得困难。

有时，哪怕只说几个词都很吃力，夏玛教授还以为他有轻度口吃。不过，一切看起来还算不上很严重，霍金强迫自己将注意力集中在其他事情上面，可那些奇怪的笨拙行动出现得更加频繁。

惊慌、恐惧的感觉与他如影随形。

其实，对于这种情况，他在牛津最后的日子里就已经有所发现。霍金发现自己系鞋带时有点困难；经常会撞到东西而受伤；很多次感到两腿简直要软下来；有时候，他虽然没有喝酒，却发现讲话变得含糊不清，就像醉了一样……

但每个人在自己身体状况不佳的时候，首先的态度都是讳疾忌医。霍金也是如此。他不愿意承认自己有病，也没有告诉别人，仍旧努力过着自己的日子。

1962 年圣诞节前夕，霍金回到圣奥尔本斯。那个冬天极度寒冷，圣奥尔本斯的湖面完全被冻住了，整个大地被厚厚的积雪覆盖，这个年轻人也像是被厚重的冰雪包裹着一样，心情十分沉重。

他的手脚越来越不灵便，他不得不面对残酷的现实，承认自己的身体确实出了问题，无法再自欺欺人了。

回到家后，霍金的父母立即发现了儿子的反常，他行动以及说话的变化让全家都大为震惊。一天，霍金和母亲一起去溜冰，母亲看到儿子的行为更是震惊。因为一般人在溜冰过程中摔倒不足为奇，只要努力爬起来就可以了，可是当霍金摔倒后，他无法靠自己的力量将身体再次支撑起来，他的四肢完全不听使唤。母亲立刻意识到糟糕的事情发生了，作为热带病专家的父亲也凭直觉判断霍金大概是得了中东地区特有的奇怪疾病。

这对父母紧张地带着儿子去当地的医院就医，得到的结果是霍金应该进行进一步的医学检查。

一晃，1963 年的新年即将来临。

元旦前夜，大家都沉浸在新年的欢快气氛中。霍金一家也举办了一个聚会，邀请了一些朋友前来参加。在这些朋友当中，自然少不了霍金的中学同学迈克尔·丘奇、约翰·马克连纳汉，除此还有一些新朋友。

那天晚上，霍金一家的宅子里灯火通明，欢声笑语，载歌载舞，时不时发出欢乐的笑声。

霍金一家与朋友们欢聚一堂，桌子上摆着雪莉酒和葡萄酒，放着各种小零食，而霍金却高兴不起来，他的情绪因为自己的病情变得十分低落。他觉得自己的病情在恶化，行动不听使唤，当晚几次在客人面前出丑，他愈发觉得尴尬。倒酒的时候，他没能把酒倒在酒杯里，而是倒在了桌布上。

看到这种情形，一家人深为霍金的健康状况担忧。丘奇、马克连纳汉等人原本也是听说他身体不适而想借机来看望他，现在看到霍金这种状态时，每个人内心都非常焦急。

就这样，霍金身体的危机彻底到来。

03

该发生的，终于发生了

聚会过后不久，霍金的生日就到了。过完生日，霍金便到医院做了比较全面的检查。

医生从霍金手臂上选取了肌肉样本，又把电极插入他的身体内，还把射线穿不透的某种液体注射到他的脊椎内，然后让他躺在床上并使床来回倾斜，用 X 射线跟踪液体来回流动的情况。

检查结束后，医生并没有明确告诉霍金他患了什么病，只告诉他临床症状非同一般。医生在弄清病情之前没有采取任何措施，只是给霍金开了一些维生素药片，让他回剑桥大学继续做宇宙学的研究。但对霍金而言，随时都可能死去的想法无时不刻不困扰着他，他根本没有心情工作，但他不想问医生更多的细节，因为他知道不会有什么好消息。他只好回剑桥大学紧张、忐忑地等待结果。

霍金回到剑桥大学不久，噩耗传来：他患上了肌萎缩性（脊髓）侧索硬化症（ALS），在英国，这种病也被称为运动神经元症，1941 年，扬基棒球队的队员卢伽雷就是因此病去世（该病由此得名卢伽雷氏症）。肌萎缩性侧索硬化症影响到产生随意运动功能的脊髓神经以及部分大脑，患者的相关功能会不断地衰退下去，他本人则变得无法控制身上的肌肉，运动神经元、大脑神经元以及脊髓会逐渐失去作用，一段时间之后，细胞也会逐渐衰退，从而全身萎缩导致瘫痪。霍金在之前的一些异常表现，包括说话结巴、摔倒和手脚不灵活，等等，就是该疾病典型的早期症状。不过，患这种病的人大脑并不会受到影响，诸如思考与记忆的高级功能也不会受到损害；虽然身体渐渐不能自如活动，可是病人的思维仍能保持活跃。

对于霍金来说，能够保持思维的活跃性也许是上天对他最大的恩赐，却又显得那么讽刺。

霍金是学习理论物理的，他在这项工作中最常用的“工具”正是他的思维。

幸运也好，讽刺也罢，不管怎样，对于一个年仅 21 岁的小伙子来说，这种疾病无疑给他的身心带来了极大的创伤，他必须承担比其他人更多的痛苦。

患这种病的人不等于完全被判处死刑，借助发达的医学技术，病人还能够继续实现生命的价值。可是对这种病人的预后却是残酷的——患者往往在两年之内就会死亡。当然，也有一些病人在诊断出患上这种疾病之后，又活了几十年。世界上所有的东西都不能一概而论，奇迹总会发生。霍金用他的顽强意志力与勇气证明了奇迹的存在，他一直用心地活着。

不过，霍金在刚听到这个消息的时候，还是沮丧极了，他陷入了极度的消沉中。

医生也认为，霍金的生命很快就会走到尽头，他们向这位已经目瞪口呆的研究生及其家人描述了严峻的未来。

“这样的事为什么会发生在我的身上？”霍金问自己，“我怎么能就这样病死了呢？”

可是，世界上的事情并不因为我们不能接受就不会到来，该发生的事情总会发生。

04
最美丽的相约

她是一位了不起的姑娘。

他们的相识也许是上天对这个不幸的年轻人的一种安慰。

正是在元旦前夜的聚会上，霍金认识了她，这位叫做珍妮·怀尔德的姑娘。

其实他们早已相识，她是霍金的小学同学。珍妮出生于公务员家庭，是个端庄、腼腆的年轻人，她学习很努力，但没能考上牛津大学或者剑桥大学。在她很小的时候，父亲就希望她能上剑桥大学，然而令她父亲失望的是，她的未来不在剑桥大学，而是在韦斯特菲尔德学院，这所位于伦敦的女子艺术学院接收了她，她打算第二年秋天开始在那里学习西班牙语和法语。

霍金以前不太了解她，两个人只是泛泛之交，在这次聚会上，霍金的一个朋友把她正式介绍给霍金。

两个人见面的气氛非常融洽，谈话十分投机。她对他带着一股好奇，整晚都在全神贯注地聆听着他在剑桥大学的故事。霍金对这位姑娘讲了很多，给她讲学校里发生的趣事，还告诉她，他在研究宇宙学……尽管她对那些理论毫无概念，但她已被这个聪颖、有魅力的小伙子深深吸引。

她内心里其实能够觉察到他的自负，但同时也感受到有什么事情正发生在他身上，而他毫无办法。

她认为霍金的性格与自己相似，都有着细腻、敏感的一面。她表面上很合群，内心里却很害羞，而这样的害羞又使她感到烦恼。这种相似性令珍妮对霍金产生了一种特别的亲近感。当然，霍金也很喜欢珍妮。

那场聚会结束的时候，他们交换了电话与地址，两个人的友谊由此展开。

几天后，霍金邀请珍妮来参加自己21岁的生日聚会。当天，霍金的亲戚和校友纷纷前来道贺，霍金整晚被他的朋友们围绕着，而珍妮敏感地意识到，她似乎与这样一群人格格不入，她毕竟连大学的第一年都还没有开始，而霍金和他的朋友们早已成为剑桥大学的研究生了。那次聚会结束之后，她去伦敦住了几周，期间，她乘着公交车往返于市区与郊区之间，把注意力转移到秘书课上，她渴望掌握速记和打字的技能。与此同时，霍金正在圣奥尔本斯的医院接受身体检查，最后等来了那个令人痛苦的消息。

学习秘书课程的那几周里，珍妮常在周末回家与家人朋友们小聚，就在霍金即将出院的时候，回家度周末时珍妮偶然间遇到正在护理学校读书的戴安娜·金（霍金的朋友巴兹尔·金的妹妹），戴安娜告诉了珍妮霍金目前的身体状况。在珍妮的印象中，霍金是个极富个人魅力的年轻人，听说那位阳光青年遭遇这样的不幸，珍妮感到非常震惊，同时心里也很难过，因此变得沉默寡言。母亲看出了她的心思，建议她为霍金祈祷，毕竟除此之外谁也做不了什么。

大约在一星期以后的某天，珍妮意外地在火车站遇到了霍金。那天，霍金正要回剑桥。对于这次不期而遇，她感到非常开心。同时，她也注意到这个年轻人除了显得更整洁、头发剪短了之外，看起来并无两样。尽管情绪烦乱，霍金却笑得那么灿烂，他不愿意谈及自己的病情。

去伦敦的路上他们俩坐在一起，一路上有说有笑，为第一次正式约会制订了计划——先去一家别致的意大利餐厅吃晚饭，然后去看电影。

随后，他们俩有了第二次约会——霍金邀请珍妮6周后去剑桥大学参加舞会。

那时，霍金的病情明显加重，珍妮甚至不敢肯定他是否有力气驾车去参加舞会。但霍金不仅自己驾车，还在乡间小路上风驰电掣般地开着，把珍妮吓坏了。当然，霍金还是安全地把她带到舞会并将她送回了家。他们俩在一起度过了一段美好的时光。

两人见面越来越频繁，渐渐发展成一种亲密的关系。珍妮在感受着爱情甜蜜的同时，内心也有些担忧。因为她意识到，他们的爱情注定是短命的，这样的关系很可能会导致令人心碎的结果。

而对于霍金来说，珍妮无疑是一个特别的女孩，是她让他摆脱了悲观失望，并且重新对生活与工作产生了信念。

05 “如果我终将死去，不如多做些善事”

每个人都有不同的命运，一个人一生中会遇到何种挫折与痛苦，谁也不能预料。作为一个理性的人，我们能做的是，当挫折来临时，勇敢地面对，然后努力改变，这样才能创造美好的人生。

多么庆幸，霍金选择了勇敢面对并努力改变，虽然这条路走得无比艰辛，但他还是挺过来了！

最初，人们议论纷纷，都说霍金把自己锁在阴暗的房间里借酒浇愁，并将瓦格纳的音乐调到极高的音量，因为它“适宜于正处在沉闷和悲观中的我来倾听”。但霍金后来声明，说饮酒过量是夸大其词，但他感到自己确实有点像个“悲剧人物”，也的确自闭了一阵子，而且听了许多音乐，包括瓦格纳的歌剧。

我们无法知晓真相，但实际上无论霍金以怎样的方式发泄心中的难过情绪都在情理之中，没有谁不惧怕死亡，况且是一个年仅21岁的青年。

霍金深受打击，因而消沉了一段时间。那个时候，他甚至觉得活着没什么意思：假若自己在短短几年内就注定要死去，现在又何必花费工夫做任何事？

他从未受到宗教或关于来世的想法吸引，所以他也不可能从信仰中得到些许慰藉。

他与其他面对人生悲剧的人一样，不断地抱怨着、责怪着：我将度过短促的一生然后死去……直到一件事情的发生彻底改变了他的想法。

霍金还在医院里的时候，对面病床有一个男孩死于白细胞过多症。由此，他突然意识到，世界上很多人都在经历着和自己一样的痛苦，甚至比他的状况更糟糕。此后，每当他为自己的命运感到悲哀时，他的脑中就会浮现出那个男孩痛苦的样子，他知道自己应该感恩并勇敢地活着。

后来，他的心境慢慢转变，他变得乐观起来。他曾梦到自己将被处死，但同时他想的是，如果缓期执行死刑的话，他就会去做许多有价值的事情。他还做过几次舍己为人的梦，“总之，如果我终将死去，不如多做些善事。”他在梦中想道。

经过了一段时间的痛苦挣扎，霍金终于从消沉沮丧中走出来，开始投入工作。但家人朋友仍旧为他担忧不已，大多数人都相信医生的预言，认为霍金只有很短的时间可活。马克连纳汉清清楚楚地记得，在自己前往美国工作的前夕，霍金的妹妹玛丽对他说，假如他决定一年之内不回来的话，那么很可能就再也见不到他的朋友了。

的确，正如医生所预测的，霍金的身体状况一路下滑。当珍妮和霍金在 11 月再次见面时，他已经步履蹒跚，走路都非常艰难，但他依旧显得精力充沛。一次，珍妮问起霍金最近看病的情况，霍金答道：“他告诉我不用再去了，因为他已经无能为力。”

这对年轻人继续交往，是爱情给了霍金一线希望。

虽然他还是会感到沮丧，极端厌恶使用拐杖，但他觉得自己和珍妮在一起时，似乎能看到一个美好的未来。患病之前，他是个百无聊赖的年轻人，但当面临死亡的时候，他意识到生命竟是如此珍贵。

终于，霍金鼓起勇气，希望的翅膀不停地在他的内心深处扑腾着。他开始更为严肃地看待自己的研究工作。他后来回忆说：“我吃惊地发现，我现在比过去更加热爱生活。”

第四章 爱与梦

——艰难岁月，幸好有才华与爱情

霍金虽然行走困难，说话也模糊得让人难以听清，但他的大脑始终正常运转着。这种境况十分让人吃惊，他总是能够以极为清晰、缜密的思维进行数学推导和理论论证，并由此取得宝贵的成果。

研究越有进展，霍金就越有动力。他似乎已经找到了研究的突破口。在研究中，他是那样的专心致志、孜孜以求，几乎忘了自己已被病魔缠身。在珍妮的陪伴下，霍金始终以乐观的态度投入研究中，他感到非常幸福，对未来的生活充满了希望。

01

激情点燃理想

斯蒂芬·霍金自进入剑桥起，就一直有个愿望。

这个强烈的愿望就是能够有一个实验室，那里没有太多条条框框，从不限制人的思考，人们可以一心致力于科学研究。

在实现这个愿望之前，霍金先是加入了一个宇宙学研究小组。这个小组是在霍金读研究生时，导师为了培养浓厚的学习氛围组建的。

当时，霍金的导师丹尼斯·夏玛一共带了 4 名研究生，在接受霍金为学生之前，他接受了一位来自南非，名叫乔治·埃利斯的研究生。而接受霍金为研究生一年之后，夏玛教授又接受了两个研究生，即布兰登·卡特和马丁·里斯。夏玛教授把他们聚集在一起，成立了一个相对论和宇宙学研究小组。

这个研究小组不仅让几个年轻人增加了对学术自由探讨的兴趣，还让他们建立起了深厚的友谊。平日里，他们一起从事同一科学领域的研究，业余时间也经常在一起；到了夜晚，他们会一起去城里的酒吧放松一下，一边喝啤酒，一边谈论宇宙学和相对论；还有的时候，他们一起去看戏、看电影、听音乐会。总之，在最美好的时光中，霍金能遇到如此志趣相投的朋友，一起张扬青春的个性，为生活增添了很多喜悦。

在这几个同学中，霍金最喜欢的是乔治·埃利斯，因为乔治·埃利斯在许多方面都与霍金有共同语言。每当他们聚在一起，总是有说不完的话。他们俩有一个共同点就是喜欢探讨政治问题。

埃利斯对政治比较感兴趣，他是种族隔离的强烈反对者，一说起这个问题总是滔滔不绝。而霍金从中学时期就受母亲的影响，也热衷于政治。因此，他们俩一碰面就谈论政治问题，冬天到酒吧的火炉旁，夏日就到花园的草地上，从越南战争一直谈到黑人权利，各自发表观点，极易产生共鸣。

这个小组的成员们收获到除了知识之外的东西，彼此之间的深厚友谊让每个人都分外珍惜，而这无疑对缓解霍金的悲观情绪很有帮助。这些同学都成了霍金的终生好友，在生活、事业等方面，给予了霍金很大的帮助。

那时的霍金不仅参加了夏玛教授安排的研究小组，还和其他同学一起参加了卡文迪许实验室（即剑桥大学物理系）的工作。这个实验室很有背景，它是麦克斯韦在 19 世纪 70 年代建立的。20 世纪 60 年代初，剑桥大学物理系的系主任说服校方在西尔弗大街另外成立一个独立的数学和理论物理系，经过进一步的完善，后来发展为应用数学和理论物理系，霍金本身正是在应用数学和理论物理系。

如果说这个系与其他系有什么不同，那就是应用数学和理论物理系的气氛非常自由随和。这个系既没有严格的作息时间表，也没有规定必修的课程。导师平时会向学生提一些问题，帮助学生制订研究计划，确定研究课题，最后和学生一起讨论一些棘手的问题，并给予一定的指导。这种学术气氛正是霍金最为向往的。在这里，霍金可以像他从一开始就期望的那样自由地从事科研工作。

此外，霍金还经常去夏玛教授的办公室，向他请教一些问题。夏玛教授的办公室既宽敞又明亮，沿墙放着一排书架和报架，墙上挂着现代艺术画，很有文化的气息。霍金对这个地方情有独钟。

让霍金感到惊喜和有意义的是，应用数学和理论物理系的所有研究生除了听课之外，还参加定期的专题研讨会。这样的研讨会可以让学生们很好地充电。这种研讨会的规模一般在 30 ～ 40 人左右，先是由一位导师和访问学者做专题报告，接着进行对话式的讨论。霍金在每次研讨会上，都会充分阐释自己的观点，并通过与其他学者交流学术观点提升自己。

在剑桥大学读研，还有一个特别的地方让霍金难忘。这是一个重要的交流场所——茶室。这种在茶室进行交流和对话的方式是在卡文迪许实验室兴起的，后来又传到了西尔弗大街。到茶室的人每天从上午 11 点一直到下午 4 点都聚在一起，交流新思想，讨论一些非常有价值的问题，这种场合当然少不了霍金，他非常喜欢参加这种自由而有意义的活动。

剑桥大学的学习风气很好，研究生所进行的研究及其观点都是公开的，不会有人秘密地搞一些研究，比较特别的是，他们办公室的门总是敞开的，便于导师和学生随时进去讨论问题。

这种自由交流的气氛深深地影响了霍金，他逐渐掌握了研究生的学习方法，在这个过程中他变得更加乐观而自信。

如果要使兴趣更深一步地拓展，首先便需要持久的热忱，并且栽培兴趣的空间，一定要是一个自由的天地。当霍金深陷在病痛的折磨中时，他选择带上热忱，全身心地投入到科学研究当中，并从中收获了快乐。对于霍金而言，纪念他青春的不仅仅是具体的梦想，更是一种对梦想的热爱，一种对追求的不同理解。

02

与权威“叫板”

有谁会想到，仅仅因为在一次学术讨论会上提出质疑，霍金就“闪”了起来。

少年时期的霍金很是害羞和内敛，但是，当他对科学的兴趣逐渐增强之后，便开始自信稳重起来，有时，还会当众提出自己的想法，让人刮目相看。

在霍金读研究生期间，发生了一件很有趣的事情，让霍金这个本来默默无闻的研究生得到了人们的关注：这个平日里看起来不显眼的青年，竟敢与权威“叫板”！

在一次学术讨论会上，英国著名天文学家弗莱德·霍伊尔宣读并解释了他对于“稳恒态宇宙论”的一些主要观点，并提出了一些论据。

霍伊尔的观点是：宇宙是膨胀的，在膨胀过程中，宇宙小星系之间的距离就越来越远。而宇宙中的物质“从无到有”地创生出来，然后充满宇宙空间，后来，这些创生出来的物质凝聚起来形成了新的恒星和星系，并取代了老死的星系，因此，宇宙在任何时刻都和以前任一时刻极其相似。于是，宇宙处于一种“稳定的状态”。

霍伊尔是剑桥大学应用数学和物理系的导师，同时也是世界知名的天文学家和物理学家，他在宇宙起源理论上有些独到的见解，一步步依靠自己的实力和声望建立了自己的学院。

另外，霍伊尔还是一位很善于和媒体打交道的科学家，他十分擅长利用在公众面前亮相的机会来推销自己和自己的理论，因此，在很多人看来，霍伊尔是位潇洒、举止得体的教授，公众也普遍相信他的稳恒态宇宙理论。

不过，当时还有另外一种与稳恒态理论不同的宇宙理论，那就是“大爆炸理论”。这个理论主要是反对霍伊尔提出的物质“无中生有”的观点。这种宇宙理论认为，因为宇宙在膨胀，所以在很久以前，宇宙中的物质一定彼此靠得很近，挤在一起。也就是说，那时宇宙的密度比现在大得多。

那些赞成大爆炸理论的科学家还推测说，在很久很久以前的某个时刻，宇宙间所有的物质聚集在一起，构成一个密度为无穷大的点，大爆炸也就从这个点开始。

原先，大多数人都认为大爆炸理论是很荒谬的，但到了 19 世纪 60 年代，也就是霍金成为研究生的时候，大爆炸理论得到了更多的证实，接受这一理论的人也逐渐增加了。

不过，霍伊尔一直都是支持稳恒态宇宙论的，这是他和伦敦大学国王学院的数学家赫尔曼·邦迪、天文学家托马斯·戈尔德共同创立的理论。当时，稳态论的响应者比较多，因此被人们认为是比较科学的。

宇宙稳态论与“大爆炸理论”则形成了对抗，霍伊尔在许多场合都抨击过宇宙自发形成这一理论。

霍金在去剑桥大学读书之前非常崇拜霍伊尔，立志要成为霍伊尔的学生，不过后来未能如愿。霍金到剑桥大学以后才发现，霍伊尔名望很高，但有时他表现得急功近利，例如，他会发表一些未经查考和未加证实的理论。

也就是在这次学术讨论会上，霍伊尔公布了他最新的发现成果。当时，参加会议的专家、学者一共有 100 多名。由于霍金一直对霍伊尔的课题比较感兴趣，于是也参加了这次会议。

霍伊尔演讲结束，赢得了与会者热烈的掌声，随后，他询问听众是否还有问题。

就在这时，霍金在众多知名学者的注视下，慢慢地站起来，用奇特的语言对霍伊尔以及其他听众说：

“您在计算中讨论的那个量是发散的，您弄错了。”

听了霍金的质疑，听众席上立即发出了一片议论声。有的专家立刻意识到，倘若这个毛头小子说的是正确的，那么霍伊尔的论点必定存在着很大问题。

霍伊尔听到霍金的质疑后，心中有些愤怒，他未做任何思考，非常肯定地说：

"它毫无疑问是不发散的。你怎么知道是错误的？"

霍伊尔企图通过反问让这个鲁莽的小伙子认输，他甚至以为这小伙子根本不敢回答他的质问，但霍金镇定地回答："我算过了。"

此时，听众席上一片寂静，所有人都将目光投到霍金这个初出茅庐的小伙子身上。有些学者赞赏他的勇气和胆量，有些人则责备他过于唐突和冒失。其实，霍金当时并没有考虑太多，他只是认为，错误要及时纠正，正确的要坚持下去。

霍伊尔见到霍金如此坚持，火冒三丈地指责霍金完全是外行，违背职业道德。没想到，霍金当仁不让，指出霍伊尔不应该把没有经过证实的成果公布于众，这样做才是与职业道德相违背的。

但是，霍伊尔比较自负，并且害怕丢了面子，根本不承认自己在理论上出了问题，以致最后双方都有些不太冷静，说了一些过激的话。

虽然学术讨论会上两人的对峙和交锋是短暂的，但大名鼎鼎的霍伊尔教授和默默无闻的研究生霍金之间的争论并没有停止。

尽管在这之前，很多人都对霍伊尔的理论深信不疑，但霍金既然敢于指出霍伊尔理论上的缺陷，大家认为他也一定是有充分根据的。虽然霍金当时还很年轻，但在许多人看来，他对学术研究的态度是十分严谨的。

很多学者都能看出，霍金并不是对霍伊尔本人有意见，相反，他很早就对霍伊尔的理论感兴趣，并且对其理论做了大量研究，特别是认识了霍伊尔的学生纳利卡以后，他对这个理论的许多部分做了数学上的详细论证。在霍金看来，霍伊尔很有见地，只不过，虽然他智力过人，在这个领域经验也十分丰富，但是，他急功近利、骄傲自大，在理论上存在很明显的漏洞。

在这次学术讨论会之后，霍金立刻着手写了一篇论文，详细地说明了自己的观点，并且论证了霍伊尔理论中所提到的那个量是发散的。霍金的观点公布后，很快就受到一些专家、学者的重视，并且得到许多同行的认可，还有人认为霍金是物理学领域的新力量，有着不可估量的前途。

一个平日里不显山露水的研究生，在学术讨论会上勇敢地向当时的权威观点提出质疑，这让很多学者瞠目结舌，不过，正是在这些惊诧的目光注视下，霍金实现了自我的突破，发现科学，并且为科学与真理不顾一切地辩护。这种胆识与魄力一直贯穿在霍金的科学探索中。

03 爱情是一剂良药

有时候，治愈人伤痛的不一定是药，还可能是心灵上的关怀。对于被病魔困扰的霍金来说，爱情是他最好的药。

正当霍金在学术上崭露头角的时候，他的病情更加严重了。不过，即便身体的疼痛再剧烈，霍金依旧保持着乐观的心态，这与珍妮·怀尔德的关心是分不开的。

霍金在剑桥大学读书的第二年，病情突然恶化，正如当初医生们所说，肌萎缩性侧索硬化症的确是十分可怕的。霍金走起路来很是困难，有时甚至靠着拐棍才能往前挪动几步。

看到霍金的身体状况越来越不好，他的同学、朋友既着急又惊恐，都想最大限度地帮助他。不过，性格倔强的霍金不愿意过多地麻烦别人，他总想自己照顾好自己，并且一直保持着良好的锻炼习惯。霍金经常扶着墙壁、拄着拐棍在房间或户外缓慢地行走。很多次，他都狠狠地摔倒在地上，身体受到很严重的撞击。每当霍金的头上缠着绷带，那一定是他因行走不便摔倒了。霍金的亲朋好友看到后都分外心疼，想要帮他减少疼痛，却又无能为力。

更严重的是，霍金的病也影响到了他的语言表达功能，他说话变得越来越不清楚，其他人几乎听不清他在说些什么。

不过，即便如此，霍金比刚患病时还是乐观很多，他不再过度紧张自己的身体，而是把心思几乎都用在了研究上。他不想向病魔低头，更不想让残酷的病痛影响他的研究进程。值得庆幸的是，肌萎缩性侧索硬化症并没有对霍金的思维产生多大影响，霍金将这看成继续从事科学研究极为难得的机遇。

霍金虽然行走困难，说话也模糊得让人难以听清，但他的大脑始终正常运转着。这种境况很是让人吃惊，他总是能够以极为清晰、缜密的思维进行数学推导和理论论证，并由此取得宝贵的成果。

研究越有进展，霍金就越有动力，他似乎已经找到了研究的突破口。在研究中，他是那样的专心致志、孜孜以求，几乎忘记了自己已经病魔缠身。在珍妮·怀尔德的陪伴下，霍金始终以乐观的精神投入研究中，他感到非常幸福，对未来的生活充满希望。

霍金与珍妮在初识时给彼此留下了难忘的印象，随后，两人的关系有了进一步的发展。到后来，他们几乎每周都约会，两个人的感情越来越深。

霍金在约会过程中，脸上总是洋溢着幸福的笑容。虽然身体总是感受到剧烈的疼痛，但他心里异常满足。在相处中，他们发现了对方的许多优点，也渐渐感觉到越来越离不开对方。

在霍金心中，珍妮是个优秀的姑娘，她的身上总是透着一股纯洁、高雅、清新的气息。她不被世俗偏见所束缚，也从不理会别人的说三道四，她怎么想的，就会怎么做。

珍妮对爱情的坚持和善良的心深深打动了霍金的父母，他们非常感激珍妮在霍金患病期间所做的一切。霍金的导师、同学和朋友也都很钦佩她，敬佩珍妮没有因霍金的病而远离他，而是不顾各种困难去帮助他，最大限度地让他感到欣慰。

其实，珍妮非常清楚霍金这种病的危险性。她知道，霍金的病即便能够治疗，也仅能控制病情不再发展，完全治愈的概率几乎为零。但珍妮还是毫不犹豫地走进霍金的生活中，毅然决然地坚持照顾霍金。珍妮的这些好，被霍金看在眼中，装在心里。他想，这个姑娘是自己一定要好好珍惜的。

终于，在 1964 年 10 月一个星期六的晚上，霍金在剑桥吞吞吐吐地向珍妮求了婚。

当时，天色已经昏暗，还一直淅淅沥沥地下着小雨。霍金的声音很低沉，当然不是因为他内敛害羞，而是他说话已经非常吃力了，不过，珍妮能够听懂其中的情意，她满心欢喜地接受了霍金的求婚。

珍妮和霍金订婚后，他们的生活发生了很大的变化，两个人都感觉找到了自己生命中挚爱的另一半，分外幸福。本想从事外交工作的珍妮，也把这种想法抛到了脑后。而当珍妮的朋友们知道她和霍金订婚的消息后，都分外震惊。

珍妮的好朋友戴安娜一听到她和霍金订婚的消息，就惊叫起来："哎呀，珍妮，你要嫁到一个非常癫狂的人家去了。"

不理解珍妮的人还有很多，他们都很疑惑，为什么珍妮要把自己的命运与一个残疾人联系在一起，况且霍金的病情还有加重的趋势，将来会怎么样简直不敢想象。

面对这一切质疑，珍妮显得异常坚定。每当有人劝阻她时，她就会说："我自己决定了要做什么，就这样做了。我和他一开始认识的时候他就已经得病了，我不知道一个体格健全的霍金是什么样的。"

珍妮用自己无私的爱感动着霍金，一直悉心地照顾着他，从没有半句怨言。后来，珍妮回忆她与霍金从相识到最后订婚的过程时说："我想找到生存的意义，起先我只是想要照顾他，但后来我们成了恋人。"

霍金订婚后，觉得生活十分美好，他又有了生活下去的目标和勇气。这个时候的霍金似乎已经完全忘记了身体的疼痛，他和那些身体健康的人一样，开始了幸福的生活，这是他之前不敢想象的。

与珍妮订婚，带给霍金很大的勇气和力量，虽然他一直经受着病痛的折磨，但有珍妮的陪伴，他的生活变得甜蜜快乐起来。霍金对自己和生活变得更有信心，重新扬起了生命的风帆，顺利地完成了学业，并且在与病魔斗争的过程中，积极地研究他钟爱的宇宙学。

04
一个完美的句点

在爱情的滋润下，斯蒂芬·霍金进行科学研究毫无顾虑，他很快确定了自己的博士研究课题。这个课题的灵感来自著名数学家罗杰·彭罗斯的“奇点理论”。

在霍金对霍伊尔的稳恒态宇宙论提出质疑后，霍金的导师夏玛教授带着自己的研究生去参加伦敦大学国王学院的学术会议。夏玛教授想让学生们在这次会议中获得一定启发，从而确定自己的研究课题。

在这次学术会议中，罗杰·彭罗斯做了报告。罗杰·彭罗斯是一位著名遗传学家的儿子，之前在伦敦上大学。20 世纪 50 年代，他大学毕业后就到了剑桥大学，并且成为夏玛教授的研究生。研究生毕业后，他到伦敦的伯克贝克学院工作，成为当时在宇宙学领域知名的数学大师。

在报告中，彭罗斯深入、具体地报告了他近来关于“奇点理论”的研究。自 20 世纪 60 年代初，彭罗斯就开始研究奇点问题，提出了独特的奇点理论。

所谓奇点，就是时空中密度为无穷大的点，根据爱因斯坦的广义相对论，可以推断宇宙空间是存在奇点的。不过，那时很少有人相信。对这一问题备感兴趣的彭罗斯通过新的数学方法证明出结果：宇宙间的恒星坍缩到一定程度，就会成为一个密度为无穷大的奇点。

在彭罗斯得出这一结论之前，人们认为只有完全对称的恒星，才会在坍缩时变为奇点；而其他恒星在坍缩时，坍缩物质有可能穿过太空，因而应该不会紧缩在一个奇点上。

听了罗杰·彭罗斯的报告，霍金受到很大的启发，凭借着对科学高度的敏感，霍金认为，彭罗斯的奇点理论或许可以被应用于宇宙起源研究上。他自问道："如果把彭罗斯的奇点理论用到整个宇宙上，而不仅仅用在黑洞里，不知道会发生什么事情？"

随后，霍金便开始进行一系列的猜想：如果把宇宙膨胀看做恒星坍缩逆过程，那么按照彭罗斯的奇点理论来推论，在很久以前的某个时刻，宇宙应该就是一个密度无穷大的奇点。

霍金整理了他的初步想法，并汇报给了夏玛教授。导师听了霍金的想法，备感震惊，认为这是一个极富创意的观点，鼓励他进一步深入研究这个问题。

就这样，在彭罗斯的启发下，霍金顺利地找到了有价值的研究课题，他准备在博士论文中深入地探讨宇宙起源于一个密度无穷大的奇点的问题。没多久，霍金就形成了博士论文的框架。

虽然这个课题很有研究意义，但要想将奇点理论推广到整个宇宙仍是非常不容易的，这既是数学上的难题，也是物理学上的尖端问题。接下来的几个月里，霍金加倍努力，他挑战自己身体的极限，整日沉浸在学术研究中。

实践证明，霍金是完全可以驾驭这个伟大课题的，即使这个课题涉及数学上的无穷量、物理学上的广义相对论、量子力学等，但是，霍金凭借着自己的聪明才智和不懈努力，以及对物理学敏锐的洞察力和深刻的见解，先是进行数学论证，然后在此基础上着手撰写博士论文。

经过几个月的努力，霍金的博士论文完成了，而且完成得相当漂亮。在论文写作过程中，唯有珍妮和霍金自己能够真切地感受到其中的艰辛，其他人是无法想象的。可以说，它是霍金用生命写成的，凝结着他无数的汗水和心血。

博士论文的最后一章写得相当精彩，其中包含着宇宙起源的奇点定理，这是一篇很有分量的论文。

霍金在论文中指出，是否有过大爆炸奇点的问题对于理解宇宙的起源关系重大。随后，霍金又进一步论证道："如果广义相对论是正确的，任何合理的宇宙模型都必须起始于一个奇点。这就表明，科学能够预言，宇宙必须有一个开端。"霍金认为，即使过去有人相信宇宙有一个开端，但没有人能够解释宇宙在这个开端上是如何起始的。总体来讲，霍金这篇论文对研究宇宙的起源有着非常重大的意义。

论文评委们看过霍金的这篇论文后，一致认为，霍金把奇点定理运用于宇宙起始状态的研究，是一项非常具有开创性的工作。霍金的博士论文顺利通过，霍金的夙愿也终于实现了，1965 年，23 岁的霍金成功地获得了剑桥大学博士学位。

第五章
梦想照进现实
——上天无法眷顾，自己破茧成蝶

霍金庆幸自己选择了一个很适合于他身体状况的工作，他曾说：

“选择理论物理作为研究对象是我的好运气，因为这是我的病情不会成为严重阻碍的少数领域之一。而且幸运的是，在我的残疾越来越严重的同时，我的科学声望越来越高。这意味着我可以只做研究，不必讲课。”

虽然霍金的发音越来越含糊，肌肉也在不断萎缩，但他的朋友们在和他交谈过程中能够深深地感受到他乐观的态度和奔放、热情的个性。

01

研究员，不那么好当

20 世纪 60 年代中期，霍金的生活变得明亮起来。在珍妮的悉心照顾下，霍金不仅在身体上得到照顾，在心理上也得到了安慰。

充满生活激情的霍金开始考虑现实的生活状况，他认为，当务之急是要找一份工作，一方面继续自己的研究，另一方面维持生计。恰好，剑桥大学冈维尔与凯斯学院在招理论物理学研究员，霍金觉得这个工作对他来说是个不错的机会。他本来学的就是理论物理学，毕业后，他希望继续在专业领域有所成就，况且他已取得博士学位，这个工作正适合他。

于是，霍金开始着手申请这份工作，本来以为这并不复杂，但实际上，为了得到这份工作，霍金费了好大的力气。当时，霍金的病情已经发展到不能写字的地步，他只得请珍妮周末来剑桥为他打印申请书。

当霍金到火车站接珍妮的时候，看到珍妮用缠着绷带的手和自己打招呼，他心疼地问是怎么回事。原来，珍妮上个星期发生了一次意外，把手臂摔断了。幸好，珍妮伤在左手臂，虽然无法打字，但还能用右手写字。于是，由霍金口述，珍妮帮他写了一份求职申请，又请他们的一个朋友打印了出来。

书面材料准备好以后，下一步就是联系推荐人。申请研究员需要两个推荐人，霍金首先想到的就是他的导师夏玛教授，夏玛教授一直对霍金非常关照，总是在霍金最困难的时候向他提供无私的援助。果然，夏玛教授二话不说，非常爽快地接受了霍金的邀请，还建议霍金请赫尔曼·邦迪作为第二推荐人。

关于邦迪，霍金在国王学院举办的学术报告会上见过他，邦迪也听说过这个鲁莽的小伙子在一次会议上公开顶撞霍伊尔，还与霍金讨论过自己写的一篇论文。考虑到多少有点交情，霍金接受了夏玛教授的建议。

决定邀请邦迪作为推荐人以后，借着他到剑桥大学讲课的机会，霍金在课后说明了请他写推荐信的想法。邦迪听后，随口答应了为霍金写这封信。可是，一段时间之后，当冈维尔与凯斯学院向邦迪要推荐信时，邦迪却答复说他从未听说过这件事。

其实，为表示尊重，霍金应该写一封正式的信函给邦迪，但初入社会的霍金，做事不可能尽善尽美，况且他的姨妈就住在邦迪的隔壁，他时常和姨妈讲，有机会提醒一下她的邻居，所以，霍金觉得没有必要再写正式函件给邦迪。没有想到，正是这一点疏忽，几乎酿成大祸。

好在 20 世纪 60 年代的学术职位竞争还不是很激烈，当冈维尔与凯斯学院的负责人得到邦迪的答复后，并没有立刻取消霍金的申请资格，而是写了一封信给霍金，向他说明了情况。霍金看过信后，立刻意识到问题变得严重了，他感觉自己就要与冈维尔与凯斯学院的研究员这个职位失之交臂了。

霍金在接到这封令人尴尬的信以后，立刻给邦迪教授打了电话，夏玛教授也当即和邦迪取得联系，提醒他曾经答应为一位很有前途的年轻研究人员写推荐信的事。

邦迪的确是忘了讲课后随口答应的事，不过，经由提醒，他立即为霍金写了一封热情洋溢的推荐信，大概是为了弥补自己的过失，这封推荐信写得非常感人，信中高度赞扬了霍金的研究水平和能力。并且，这件事情之后，邦迪和他的夫人在霍金的研究生涯中，总是热情地支持和帮助他。

剑桥大学选择研究员是很严格的。冈维尔与凯斯学院的委员会每年在春季选择新的研究员，一般情况下有 6 ～ 7 个职位，涉及各个学科。被选出的研究员会在秋天的时候加入已经在册的 70 多位研究员的行列。

这个委员会通常由 12 名高级研究员组成，担任委员会主席的是学院院长。委员会研究和讨论了霍金的求职申请书后认为，不仅举荐霍金的专家是一流的，霍金本人在剑桥也有着较高的声誉，因此，委员会一致认为霍金可以被录用为剑桥大学冈维尔与凯斯学院的研究员。

几经周折，霍金终于从众多的竞争者中脱颖而出，取得了他理想中的职位——剑桥大学冈维尔与凯斯学院研究员，开始在应用数学和理论物理系从事研究工作。

霍金对这段时光十分怀念，他在回忆这一段难忘的经历时，写道："虽然我的未来笼罩在阴云之下，但我惊讶地发现，我比过去更享受生活。我在研究上也取得了进展。"此后，霍金分外珍惜这个好不容易争取来的研究员工作。

02 恋人变成家人

斯蒂芬·霍金成为冈维尔与凯斯学院的研究员之后，开始每月固定地领取工资，其经济状况有了很大的好转。于是，霍金和珍妮决定结婚。

1965 年 7 月 14 日，霍金和珍妮登记结婚，珍妮的婆婆伊莎贝尔笑眯眯地对她说："欢迎你，霍金太太，从现在起这就是你的称呼了。"

登记结婚后，他们要找个吉利的日子举办婚礼。7 月 15 日恰好是星期四，也是"圣斯威逊节"，斯蒂芬·霍金和珍妮·怀尔德的婚礼就定在了这一天。婚礼是在剑桥大学三一学院举行的。

二人的婚礼热闹而俭朴，大概有 100 人参加了婚礼。他们大部分是这对新婚夫妇的亲人、老师、同学和朋友，看到二人结为连理，心中满是真诚的祝福。

霍金与珍妮的婚礼办得感人而不奢华，这和双方亲人的身份有很大关系。双方的父母都属于英国的中产阶级，因此，并不想对婚礼大操大办，在这一点上，他们是很有共识的。早在霍金和珍妮正式认识之前，双方家长就熟识了。

在婚礼上，霍金的父亲弗兰克·霍金穿得西装笔挺，又高又瘦，显示出一种文雅的气质。霍金的母亲伊莎贝尔·霍金则表现得热情开朗，她是非常喜欢交际的，看到霍金的朋友们，会快乐地一一打招呼。在婚礼结束后的宴会上，客人们一边品尝着香槟酒，一边彬彬有礼地向这对新婚夫妇祝酒。

婚宴结束后，新郎和新娘拍了一张大大的黑白结婚照。

这是一张很经典的照片。照片中，霍金穿着深色的西服，打着领结，佩戴着黑边眼镜，手里拄着一根拐棍，略显瘦削的脸上还带着几分严肃的神情，但眼神中透射着聪明和智慧，而站在他旁边的新娘珍妮，显得格外美丽，她穿着一套十分漂亮的结婚短礼服，手里拿着一束鲜花，面纱稍稍向后撩开，露出齐肩的卷曲长发。

就这样，这对年轻人终成眷属。他们的婚姻显得那么的不同一般，平淡的幸福中透露着伟大。虽然珍妮知道霍金的病情会越来越严重，甚至可能会在不久后就告别人世，但她还是坚定地与霍金结婚了。

霍金心中对珍妮的感激是说不尽的。

结婚后，霍金的心情十分复杂，他感谢珍妮不顾世俗偏见，勇敢地与他走到一起，不过，他也因此感到自己肩上的担子更重了。他清楚地认识到自己不仅要把研究工作继续开展下去，而且还要更加努力地挣钱养家，带给珍妮幸福。

03
病魔在步步逼近

当有人问霍金是否为自己的健康问题感到沮丧时，他回答道：“我努力做我愿意做的事情，尽量不去想那令人烦恼的健康问题，这使我有一种成就感。”

霍金所患的肌萎缩性侧索硬化症的特点是病情的发展毫无规律，得了这种病的人可能在一段时间内病情比较稳定，也可能在维持几年后病情突然恶化，随后又稳定下来。而经过一段身体平静时期的霍金，病情又开始恶化。

1965 年，是霍金开始在学术领域获得成功的一年，这一年冬天，他和彭罗斯一起分享了亚当斯奖。这是很多人梦寐以求的一个奖项，它在各个奖项中地位很高。聪慧的霍金在 23 岁的时候就获得这个奖，很多人对此羡慕不已。然而，也就是在这个时候，霍金的病情开始加重。

1965 年 12 月，霍金和珍妮一起到美国佛罗里达州的迈阿密参加天体物理学会的学术会议。这个时候的霍金常常猛烈地咳嗽，有时甚至严重到每当发作时他就会痛苦地摆动身体，喘息困难。也许正如医生两年前所说，可怕的病魔正在一步一步地逼近霍金。还好，迈阿密的冬天阳光明媚，十分温暖，对霍金的身体大有好处。

后来，霍金与珍妮又到得克萨斯州奥斯汀参加宇宙学会议，正是在这次会议的几天中，霍金意识到病魔正在步步紧逼着他。

奥斯汀是一个中等规模的大学城，在 20 世纪 60 年代曾被认为是世界最聪明、最优秀的宇宙学家的大本营，当时很多有着独到科学见解的人都来到这里一起探讨关于宇宙的问题。霍金对这里非常向往，也希望加入这个大本营，但是，身体状况越来越不好，给了他巨大的打击。

一个星期天的下午，霍金和珍妮去看望一个朋友。在路上，他突然重重地跌倒在地，最可怕的是，他竟然还咳出了一些血。这把霍金吓坏了，不过，让霍金担心的倒不是他的生命还有多长，而是他的大脑是不是受到了损伤，因为这会直接影响他当前正大有起色的研究。

看到霍金跌倒，珍妮也吓坏了，她赶紧联系了医生。虽然是星期天，但经过珍妮的苦苦哀求，医生还是赶来了。经过一番细致的检查，霍金身上并没有发现什么严重的问题。这时，霍金和珍妮才舒了一口气。

从奥斯汀回国以后，霍金与珍妮住进了小圣玛丽巷 6 号，这是一幢破旧的三层小楼房。在这个住处，霍金越来越感觉自己行动不便所造成的困难。他从盘旋的楼梯到达二楼的卧室要付出很大的努力，要一刻钟的时间。霍金的性格比较倔强，他不愿接受任何人的帮助，因为在他看来，这是人们把他当做不正常的人看待。

珍妮和她的朋友们都尽量尊重霍金的意愿，让他自己照顾自己。但很多时候，他们都不忍心看着霍金独自艰难地行走，总是忍不住要去帮他一把，这时，霍金便执拗地要自己走上去。

虽然，霍金的这种倔强会被人看做傲慢，但正是这种倔强和固执的形象表现出他是一个有决心、有毅力的人，霍金之所以能够坚待下去并取得成功，与他的这种个性也是紧密联系的。

霍金的病情一步步恶化，珍妮很是担心，但这时候的霍金变得越来越坚强，和患病的头几年大不一样。这种乐观或许和珍妮的陪伴有关，又或者与他这几年在理论物理学领域成就斐然有关。

虽然霍金遭受着疾病的严酷打击，但他并没有因为自己的身体状况而消沉，他始终保持着清醒的头脑和旺盛的精力，这让他身边的亲人、朋友都感到十分惊讶。他忽略了病痛，相当投入地进行研究工作，宇宙的本质和起源问题占据了他的整个头脑，他就像一个迷上了宇宙游戏的人，在进行这个游戏的时候，根本无暇考虑自己的健康问题。

霍金庆幸自己选择了一个很适合他身体状况的工作，他曾说：

“选择理论物理作为研究对象是我的好运气，因为这是我的病情不会成为严重阻碍的少数领域之一。而且幸运的是，在我的病情越来越严重的同时，我的科学声望越来越高。这意味着我可以只做研究，不必讲课。”

虽然霍金的发音越来越含糊，肌肉也在不断萎缩，但他的朋友们在与他交谈时能够深深地感受到他乐观的态度和奔放、热情的个性。

第六章
和宇宙对话
——为科学而生，为家庭而战

1974 年 3 月 1 日，霍金在权威科学期刊《自然》上发表了论文《黑洞在爆炸吗?》，全世界的物理学家都在谈论着这篇文章。有的持怀疑态度，有的激动不已，他们严密检查霍金的计算，却发现无可挑剔，这个结论严密且准确。

很多认为霍金的新发现是近几年来理论物理最重要的进展，而他的导师夏玛教授则兴奋地说："霍金的论文是物理学史上最漂亮的论文之一。"

01 一份奢侈的喜悦

1967 年 5 月 28 日晚上 10 点，霍金与珍妮的第一个儿子出生了。这个小家伙比预产期提前两个星期来到了这个世界。

霍金没想到，在他的研究取得进展的时候，家中又增添了这样一份喜悦！

当看到刚刚出生的儿子时，霍金激动万分，竟一时说不出话来。他兴奋地把这个好消息告诉朋友，并为长子取名为罗伯特。

当初霍金被诊断为肌萎缩性侧索硬化症时，有的医生预计他只有两年的寿命，但经过了四年的时间，霍金不仅好好地活着，还幸运地成了父亲。

珍妮看到霍金如此开心，自己也很欣慰。她后来回忆说："显然，斯蒂芬又有了新的动力，他要对这刚来到人世间的小生命负责。"的确，这个小生命的出生不仅给霍金夫妇带来了欢乐和愉悦，也为霍金的科学研究注入了新的活力。

长子出生后，霍金在理论物理学领域的声望越来越高，家庭越来越幸福，事业也越来越成功，霍金心中充满了前所未有的信心和勇气。更让人欣慰的是，在生下罗伯特两个月前，珍妮获得了伦敦大学的学士学位，完成了她对父亲许下的诺言。

珍妮是个有思想的女性。孩子的降临确实给她带来了巨大的喜悦，但也带来了深深的忧愁。因为孩子的出生意味着她要照顾两个人，她时常为此忙得喘不过气来，她在家庭中付出的比之前还要多很多，除了操持家务、照顾霍金以外，她还要哺育孩子。

本来，珍妮照顾霍金是心甘情愿的，但在生活中面对种种负累，她想起自己所做出的牺牲、所付出的代价，心里难免会有一些不平衡。正是这种心理，为霍金夫妇之间矛盾的爆发埋下了导火索。尽管心中委屈，但每当见到丈夫看孩子时那喜悦的表情，珍妮便鼓励自己一定要坚持下去，渡过难关。

孩子出生后，霍金夫妇开始考虑买房子的事情，他们想找一个安稳的住所，抚养孩子长大。他们先是在小圣玛丽巷那幢房子里住了一段时间，在当时看来，那所房子还是不错的，不仅环境幽静，而且离霍金的工作地点也不远，所以两个人一致决定买下那幢房子。

为了买下这幢房子，霍金不得不到冈维尔与凯斯学院的财务总管那里申请贷款。其实，霍金一向很避讳财务总管，之前还有过几次不愉快的交往，霍金认为他是一个很难说话的人，但为了早日买下房子，霍金只好硬着头皮去与他交涉。

霍金的贷款申请被院方拒绝了，理由是这样的投资不可靠。好在霍金夫妇本来也没对学院的贷款抱多大希望，申请被拒绝也是他们意料之中的事情。

随后，他们又到建房协会申请贷款，出人意料的是，这次他们的申请很顺利地被批准了。霍金的父母也伸出了援手，他们出钱为霍金和珍妮一家装修房子。与此同时，霍金那些老朋友也都尽力帮助他们。在亲人、朋友的帮助下，房子很快就装修完了。

虽然小圣玛丽巷的那幢房子面积不大，但霍金夫妇非常喜欢。房子经过一番装修之后，显得格外雅致，霍金一家人欢欢喜喜地入住了。

霍金一家在这里住了很长时间，直到 20 世纪 70 年代，随着霍金一家人口的增多，他们才换了更大的房子。

在霍金的事业和家庭状况开始朝美好的方向发展时，他的身体状况却急剧下滑。

霍金行走的速度越来越慢，步伐越来越小，身体常常摇晃不定，好像初学走路的婴儿般一不小心就可能摔倒。这着实给珍妮带来了很大的麻烦，因为他们的儿子罗伯特与爸爸霍金恰好相反，一天天跑得越来越快，珍妮每天忙于这两个“难处”的男人之间，身心疲惫。

一个在前面跑，一会儿不见了踪影；一个则必须由她搀扶着慢慢地、摇摇晃晃地前进，这样的情形成为他们家的常态。

后来，霍金得了一个奖，奖金使得家里终于有了闲置的钱来买一辆汽车，这让珍妮省了不少精力，她终于不用再挣扎在两个让她不安的男人中间了。

每当霍金有课或者有活动时，珍妮就会开车将霍金送到办公室或讲课处附近的停车场。每次停车后，罗伯特就率先跑出汽车，准确无误地穿过弯弯曲曲的道路走进课堂，坐到最后一排。这就形成了一个非常有趣的画面：每当霍金的儿子罗伯特一露面，学生就知道霍金再过 5 分钟必然会走进课堂。

罗伯特的出生让处在病痛中的霍金重新看到了生活的希望。此时，他的心分成了两半：一半为科学奋斗着，一半为家庭奋斗着。虽然霍金的病痛一天天加剧，但他和身体健康的人一样，有着自己的追求和渴望，而这种动力很大程度上来自家庭带给他的幸福感。

霍金不仅是一个学者，还是一个丈夫、一个父亲，这多重身份所赋予他的责任已经让他跨越了身体之苦，为了家庭的美好与和谐，努力地同病魔做斗争，贡献自己的力量。

02 两个人，一本书

自从罗伯特出生后，霍金的精神状态越来越好，尤其在事业上，他展现出比一般人更高的热情，完全不像患了大病。

而实际上，在霍金的研究成果引起科学界越来越多重视的同时，他的肌萎缩侧索硬化症恶化得越来越迅速，身体受到了病症的极大约束。由于疾病的蚕食，他能够运动的部位越来越少，但霍金一直是一个不向疾病屈服的勇士，他的妻子珍妮曾说："斯蒂芬对自己的疾病不做任何让步……"

就在病情加重的这个时期，霍金对黑洞的研究取得了重大进展，所有人都对这个行动不便的人给予了极大的关注，他逐渐被人们誉为"宇宙的主宰者"。

罗伯特出生后不久，霍金脑中就萌生了与同事埃利斯合写一本关于宇宙方面的书的打算，但这本著作不会涉及他们最新的研究成果。有了这种想法之后，两人马上实施起来。他们分配了各自的写作任务，分工合作，前后总共花了 6 年的时间才完成。

霍金写作这本书时，病情仍在不断加重，他几乎已经无法写字了，只得通过口述的方式来完成书稿。尽管写作上充满了压力，可是霍金和埃利斯的这本《时空的大尺度结构》还是于 1973 年由剑桥大学出版社顺利出版了。

该书一经问世，就受到众多读者的热烈欢迎，这本书被人们看做宇宙学领域的经典之作。虽然它不是一本专门探讨黑洞问题的著作，但它为解决黑洞问题提供了坚实的理论基础。

《时空的大尺度结构》这本书专业性强，非常深奥，书中到处是复杂难懂的数学运算，布满了各种各样的方程式，甚至有些专业人士也读不懂。在这本书中，霍金对奇点定理做了总结，并在此基础上，提出了关于宇宙的两个预言：第一，宇宙中存在黑洞；第二，我们的过去存在奇点，它构成了宇宙的开端。

有一次，霍金在伦敦皇家天文学会做报告，他在报告结束后的路途中遇见了射电天文学家约翰·谢克沙夫特。他告诉霍金他买了一本《时空的大尺度结构》，当霍金问他读后有什么感想，是否可以提供一些意见时，他有点开玩笑似的难为情地说："我原来准备读到第 10 页，但实际上我读到第 4 页就再也读不下去了。"

即便这本书十分艰深，它的销量却没有受到影响。这本书一直卖得非常好，自它出版以来，共卖出 3500 册精装本和 13000 册平装本，是剑桥大学出版社最畅销的专业书之一。

可以说，这本书不仅奠定了霍金在学术上的重要地位，而且直到今天，它仍然被看做宇宙学专业的经典之作。

完成这本书时，霍金只有 31 岁。而立之年的霍金不仅为美满的家庭感到欣喜，在事业上也有了新的突破。在与埃利斯通力合作下，成就了一本伟大之作。病情日益加剧的霍金凭着自己不服输、敢于直面惨淡人生的精神，完成了这部宏伟著作。尽管霍金遭受着常人难以想象的痛苦和折磨，但他始终努力、勇敢地生活着。

03
“疯狂”的结论

一天晚上，霍金正打算休息的时候，他的脑中突然出现了一些奇怪的黑洞几何图形。他把宇宙学和古老的物理学理论——热力学联系起来，在这种难以预料的关系上找到了突破点。

热力学本身是一门研究热的传送和蒸汽机效率的古老学问。针对热力学的这个原理，可以进行这样的类比：一滴红墨水滴进一碗清水中，这一滴红墨水会以很快的速度散布开来，使水变成淡红色。如果我们想使淡红色的水再自动地变成一碗清水和一滴红墨水，显然是不可能的。

同样的，在热力学中，系统的无序运动也只能自动增加，不会出现自动减小的情况。物理学家将这种“无秩序运动的程度”，称为“熵”，通过这个原理物理学家推断出，熵越大，越没有秩序。

黑洞有时会相互碰撞，就像两个星球有时会相互碰撞一样。霍金和彭罗斯已经证明，两个黑洞相撞时，两个黑洞并成一个，而且合并后表面积不可能变小，反而几乎总是大于原先两个黑洞表面积的总和。这个结论一直在霍金大脑里盘旋，它们化作几何图形，忽而重叠，忽而分离，让霍金摸不着头绪。突然，他想到了热力学中的第二定律。

热力学第二定律是指在一个封闭的系统中，气体的“没有秩序的运动”会变得越来越严重。正像上面描述的那样，在没有其他条件变化的情况下，“红墨水分子”只会在清水中不断分散（无序化，熵增），不会自动地恢复成一滴红墨水。

霍金有时会躺在床上深思：黑洞的表面积只会增大，这与封闭系统的“熵只会增大”很相像，也许对于黑洞的研究，也可以用这个理论来演化。第二天一早，霍金就把这个想法电话告诉了彭罗斯。

可以说，这个想法是相当有创造性的，也让很多人十分震惊，以至于后来有一位同事开玩笑说：“这好像突然打开现今最时髦的小轿车的车盖，却发现里面有一台老古董蒸汽机在运作！”

1973 年初，霍金和彭罗斯开始将热力学作为一种模拟的方法，希望找到一个模型来研究黑洞的性质。因为黑洞的行为太奇怪，不借用一种现成的方法来研究，人们几乎不知所措。但无论是霍金还是彭罗斯，他们只不过是借用热力学的一些方法而已，根本没有意识到热力学定律真的能够运用到黑洞理论中，霍金更没有想到他会与一位年轻的美国物理学家发生激烈的争论，而争论的原因正是热力学定律到底能不能真的用来研究黑洞。

雅各布·贝肯斯坦是普林斯顿大学的研究生，他一直饶有兴趣地关注着霍金对黑洞的研究，但他并不赞同霍金的一些观点。他认为，黑洞周围视界的范围内应该有熵。熵表示的是一个系统内紊乱的程度，当一个系统崩溃、紊乱后，它就无法再恢复有序。而如果贝肯斯坦是对的，黑洞的确有紊乱的话，那么黑洞也会坍缩。

起初，霍金认为这完全是胡言乱语，他曾表示“对贝肯斯坦非常恼火”。

如果黑洞有熵的话，那就必须有一个温度。然而，任何一个有温度的物体必然会有辐射，例如，尽管用肉眼看不出人体是会散热的，但是戴上可观察红外波长的夜视镜，就能清楚地看到人体产生了辐射。黑洞是一个有引力的物体，这一点已经很明确了，而问题在于它的引力太大了，大得连光都无法逃逸，这样一种物体的辐射有多大呢？显然这是不可知的，这一点连贝肯斯坦也认同了。

在这次争论中，大部分科学家都赞同霍金他们的观点，这给贝肯斯坦造成了很大的压力。一向执著的贝肯斯坦并不认为自己的思路是错误的，他依然坚持自己的观点。不过，他的观点受到大多数人的质疑，很多科学家都提醒他是他走错了路。对科学保持信仰的贝肯斯坦并没有因此放弃，当时著名物理学家惠勒也鼓励他说：“黑洞热力学虽然看上去有些古怪，但或许正因为它古怪才值得我们去研究。”

惠勒的这番话让贝肯斯坦受到很大的鼓舞，也正是他这种对问题刨根问底的精神带来的据理力争为霍金等人的观点提供了强有力的补充。

通过这次激烈的争论和思考，霍金决定另辟蹊径，试图深入研究 20 世纪另一个伟大的理论——量子力学，以争取找到更合适的突破口。

恰好在 1973 年 9 月，霍金有机会前往莫斯科访问。当时，很多有名的相对论专家正在探讨黑洞的量子力学问题，霍金想从他们那里得到一些教益。

苏联物理学家斯塔罗宾斯基提出了一个惊人的想法，他认为黑洞如果像恒星那样旋转的话，就会喷出基本粒子。这让其他专家颇为震惊，但霍金并不认为这种想法是疯狂的，因为他和彭罗斯早已讨论过类似的设想，不过，霍金对他们的数学算法有所怀疑。

回到英国以后，霍金埋头计算了两个多月，打算自己攻克这一难题。在他的思辨过程中，创造性的灵感发挥着很重要的作用。他说："我凭直觉工作。有时想，也许这是对的。于是我会对其加以证明，有时我发现是自己错了，而有时则是我最初的想法错了，但这样的过程往往会让我有更多的新想法。"

结果霍金发现，他想象中的黑洞像发了疯的火山一样，不断向外喷射着物质和辐射；而且，在这种黑洞辐射的过程中，黑洞将丢失能量和物质，越变越小。黑洞越小，就越热，它的辐射活动就越剧烈，缩小得就越快，最后黑洞就会像节日的礼花一样，爆炸开来，放出大量射线和粒子。于是他终于得出结论：黑洞迟早会爆炸。

霍金刚开始有些怀疑自己"疯狂"的结论，因此一时没有胆量告诉别人。1973 年年底，经过反复计算后，他认为他的黑洞辐射理论没有错，于是在 1974 年 1 月前后告诉了他的导师夏玛。夏玛知道后，浑身颤抖地告诉了自己在剑桥的一位同事马丁·里斯，说："你听说了吗？霍金改变了一切。"

开始的时候霍金还担心自己的导师会充满质疑，但事实上夏玛教授听了霍金的介绍以后表现得非常热情。霍金的观点大胆、新颖，他的数学演算也十分合理。他满怀兴奋地说服霍金，让霍金在 2 月份牛津的一次会议上，把这一研究结果公布于众。

霍金听从了导师的建议，在会议上，轮到霍金发言时，他摇着轮椅走到讲台上，一架投影仪把他含混不清的话语打在屏幕上，讲述他如何用量子力学得出几个月来研究的结果：黑洞不黑，黑洞也要向外辐射能量和物质……

当霍金演讲结束之后，底下的观众都惊讶得不知道该做评论还是该问问题，因为霍金提出的理论已经大大超过了他们的想象。

最后，大会主席——物理学家约翰·G. 泰勒跳了起来，叫道："对不起，斯蒂芬，这绝对是一派胡言。"他激动地拽起身边的一位科学家愤然离场。

不过，这个令人震惊的消息马上就传开了。

霍金回忆说："就在会期一天天接近时，整个问题变得越来越清楚了。到2月份发表演讲时，我已经完全相信这个结果了，但许多人并不相信。"

的确，对于这个惊人的理论，很多人并不相信。牛津会议结束后一个月，1974年3月1日，霍金在权威科学期刊《自然》上发表了论文《黑洞在爆炸吗？》，全世界的物理学家都在谈论着这篇文章。有的持怀疑态度，有的激动不已，他们严密检查霍金的计算，却发现无可挑剔，这个结论严密且准确。

很多人认为霍金的新发现是近几年来理论物理最重要的进展，而他的导师夏玛教授则兴奋地说："霍金的论文是物理学史上最漂亮的论文之一。"

随着越来越多的人认可霍金的观点，人们把从黑洞中可能释放出的粒子称作"霍金辐射"（由于贝肯斯坦的贡献亦是不可抹杀的，也称"贝肯斯坦—霍金辐射"）。

在黑洞问题的研究上，斯蒂芬·霍金再一次有了新的突破，尽管他日益严重的病情已经使他既不能写字，也不能使用打字机了，但他顽强地克服了身体的困难，专心研究黑洞问题，为人类探索宇宙的奥秘书写了新的篇章。

04
关于黑洞的赌局

天鹅座 X-1 是不是一个真正的黑洞呢？这个问题引发了一个著名的赌局。

事情是这样的：如果这个 X 射线源被证明是一个黑洞，霍金将为好友基普·索恩订一年的《阁楼》杂志；若天鹅座 X-1 被证明不是黑洞，那么索恩将为霍金订四年的讽刺杂志《私家侦探》。

1970 年，霍金在加利福尼亚并没有把时间都花在错综复杂的计算上，而是一门心思地埋头于黑洞周围视界的研究，即最接近黑洞“表面”所发生的事件。

尽管理论家们 10 年来一直在狂热地计算着这些预料中的黑洞的性质，但是对仅存的这些引力的观测证据却姗姗来迟。孤立的黑洞是不可探测的，除非借助它的重力效应——黑洞就是靠着重力吸引使得周围的时空扭曲。尽管如此，黑洞终究是“黑”的，但如果双星系的其中之一是黑洞，这个黑洞由于与另一颗普通恒星互相绕行运转，因此它的探测就变得可能。

1966 年，苏联物理学家塞尔多维奇和格塞诺夫给《天体物理杂志》写了一封信，信中表明，在分光双星体系中可能探测黑洞。在这样的体系中，只有一颗恒星是看得见的，光谱由这颗看得见的恒星发出，但在光谱上还会有那颗“不可见”的伴星的光谱效应，另一颗伴星的存在就可以由这样的效应推测出来。尤其是当这两颗星彼此绕轨道运行的时候，会形成一个旋涡状而逐渐增大的圆盘，与洗澡水流进浴缸的排水孔类似。这个圆盘的相关数据以及周期可以用来测定这两颗星的组合质量，隐伴星的质量由此可以粗略地估计出来。一颗隐伴星的质量比两个到两个半的太阳还要大，从天体死亡的理论来看，一颗隐伴星被认为太重了，只能是黑洞。

他们指出，通过他们的“X 射线或者别的异乎寻常的光谱特征”，通过围绕着坍缩星循环的移动气体，可以把这些候补体系识别出来。事实上，大约就在这个时候，卫星上的仪器果真发现了银河系第一个可能的黑洞。

20 世纪 60 年代，比光波波长更长的波段——射电电波（即天体发出的无线电）被发现，70 年代重大的进展则来自比光波波长短得多的 X 射线。随着 X 射线天文学的出现，人们对宇宙的认识加深。在对天空中 X 射线源所做的首次排查中，就发现有 4 个极可能的黑洞候选者。初步的观测表明它们都是双星系中的 X 射线源，即体积很小、能量很高，并且十分致密的天体，还伴随着另一颗普通的恒星。

在进一步的详细研究中，逐渐排除了 4 个候选者中的 3 个，它们都不符合黑洞的一些明显特征。但是，第 4 个星体的质量据估计是太阳质量的 8 ～ 10 倍。这个 X 射线源被称为天鹅座 X-1。

想要得到天鹅座 X-1 中隐藏着一个黑洞的最终证明，只有当我们能够靠近它仔细研究时才有可能。不过，累积的许多证据已经说服了大多数天文学家。大家一致认为，天鹅座 X-1 极可能成为第一个被鉴别的黑洞。后来发现的若干候选者，更加强了这种理论的可靠性——因为我们很难相信，银河系中可探测到的黑洞只有一个。

当时，皇家格林尼治天文台的 B. 路易斯 · 韦伯斯特和保罗 · 默丁仔细监测了那对分光双星之后，公布的结果声明是这样的：“我们不可避免地会怀疑，它也许就是一个黑洞。”

关于天鹅 X-1 是否是黑洞的赌局，霍金其实心里早已有数。如果天鹅 X-1 结果被证明是一个黑洞，那么霍金会比赢得赌局更高兴，因为他可以确定自己找到了黑洞研究的突破口。至于为何要以四年对一年的投注赔率来打赌，那是因为考虑到这样一个事实：确实有 80%的人认为天鹅 X-1 是个黑洞。

到了 1990 年 6 月，X 射线源就是黑洞的证据已经毋庸置疑了，霍金于是决定认输——不过，他是在一个同事的帮助下，用一种典型的捣蛋鬼方式认输的。索恩后来发现，有人闯入了他的办公室，抽出记录打赌的文件，然后霍金用拇指正式“画押”认输，再把文件放回去。之后，索恩果然收到了霍金所允诺的杂志。

黑洞被证实存在，使得霍金在20世纪70年代初期对黑洞性质的研究，成为有史以来最重要的科学成果之一。这项工作的成功不仅在于局部统一了广义相对论与量子理论，而且在于它将19世纪另一个伟大的学科——热力学——联系到了一起。

几个月后，霍金跟伯纳德·卡尔一起乘飞机去了罗马，接受了由教皇保罗六世颁发的庇护十一世科学金质奖章，这个奖项是专门颁发给出类拔萃的年轻科学家的。

这枚奖章在霍金或者他的朋友看来是那么的带有讽刺意味。1633年，伽利略受到审判。哥白尼的著作实质上已经把地球从宇宙的中心移开了，为了阻止人们支持哥白尼，就对违反1616年那条法令的人，以“疑似有强烈的异端邪说”为由，宣告其有罪，伽利略就是因此被宣告有罪的。

而霍金碰巧在伽利略去世300周年的那一天出生，同样作为科学家，他的科研成果也彻底改变了人们对宇宙的看法，而他却因为这一研究在梵蒂冈得到了荣誉。

第七章
探秘征途
——揭开宇宙的神秘面纱

20 世纪 70 年代初，霍金便取得了媒体特别的关注，他在人心目中的形象越来越神化。霍金一项又一项新成果的问世，换来了人们对他越来越多的尊敬，霍金也被人们看作“活着的爱因斯坦”。

这时的霍金，身体被病魔折腾得不成样子，但在人们心目中，他的形象是很高大的。与此同时，他的工作也做得有声有色。

01 碰别人不敢碰的问题

奇点是什么？奇点问题与宇宙的起源相关。

提到宇宙的起源，人们常常会想到一个非常古老的问题：先有鸡还是先有蛋？在宇宙学中，这也就是研究宇宙究竟从哪里来的问题。究竟宇宙是一直就有的还是由其他物质派生的，科学家们似乎都有意地回避这个问题。

斯蒂芬·霍金对奇点问题产生兴趣是在 20 世纪 60 年代早期，当时，由于病情恶化，霍金不得不暂时中断研究，但是，随着他收获了家庭幸福，获得研究上的进展，他的病情开始有所好转，于是，霍金重新对生活燃起了希望，打算全身心地投入对奇点的研究。

其实，关于宇宙是否有开端以及如何开端的问题人们一直争论不休，在人类思想史上，大体上形成了两种观点：

一种观点是出自宗教，认为宇宙是由造物主在某个时期创造的。持这一观点的人们认为，关于宇宙起源的问题，与其说是科学问题，不如说是宗教问题。

而另一种观点认为，宇宙有开端的思想是荒诞的，他们觉得这是对神的亵渎，宇宙应当是早已存在并且还将存在无限长时间的，在他们看来，某种不朽的东西比某种被创造出来的东西更加完美。

不管是哪一种观点，都认为宇宙不会随着时间的变化而变化。为此，很多科学家也纷纷进行论证。

这个问题在 1963 年有了新的突破。

苏联科学家欧格尼·利弗席兹和伊萨克·哈拉尼科夫试图通过另一种解释来消除宇宙大爆炸的奇性。

这两名科学家认为，只有当星系直接相互接近或离开时，它们才会在过去的某一时刻相重叠，呈现无限密度状态。不过，星系是有一定的侧向速度的，这也就代表着，它们能够避免相互撞击。

这两名苏联科学家认为，宇宙早期可能就存在过这样一种收缩状态，那时的星系在距离上很可能非常接近，不过并没有撞在一起。换句话说，宇宙收缩到一定程度后就会加剧膨胀，根本不需要无限密度状态。

两位科学家提出这种观点的时候，霍金正在读研究生，恰巧他当时急需确定一个课题去完成他的博士论文。当霍金了解这两名科学家的思想后，立即对这种观点产生了极大的兴趣。在霍金看来，明确宇宙究竟有没有大爆炸奇点的问题，对理解宇宙的起源有非常重大的意义。

于是，霍金和彭罗斯开始一起研究这个问题。他们先找了一套数学工具，接着开始对这个问题以及相关问题加以处理。通过一系列的实验与推演，他们得出了结论：倘若广义相对论是正确的，那么宇宙不一定存在着一个大爆炸的奇点。也就是说，科学可以合理地解释宇宙为什么必须有一个开端，但不能够说明宇宙究竟是如何起始的。

这样矛盾的理论让霍金兴趣大增，他感到更加兴奋了，迫切地想进一步探讨奇点问题，提出不一样的见解，彻底想通这个问题。

霍金认为，为了弄清楚宇宙究竟如何起始的问题，需要解析时间的开端问题。在实时间中存在着两种可能性：一种是时间往回追溯一直没有穷尽，另一种是时间在过去的某一时刻有一个开端。

为了弄清楚这两种可能性，人们可以把实时间看做从宇宙大爆炸起到大坍缩为止的一条直线。为了更好地理解实时间，人们还可以考虑与实时间相反的另一时间方向，即虚时间。那么，在时间的虚方向中，任何形成宇宙开端或终结的奇点的存在都是没有意义的。这也就是说，在虚时间中，科学定律不起作用的奇点是不存在的，人们在该处不得不求助于上帝的那个“边缘”也是不存在的。这也就是说，宇宙就是存在，既不能够创生也不能消灭。

将虚时间的概念引入，使得宇宙奇点问题的研究有了突破性的进展。霍金是这样理解虚时间的：或许虚时间才是真正的时间，而实时间可能只是我们想象出来的。而我们之所以会想象出一个实时间，大概只是想通过这个概念来描述我们所设想的宇宙的样子而已。

因为对虚时间的概念有了一定程度的认识，人们对宇宙开端的认识也就变得更加科学了。虚时间不但没有开端而且没有终结，但不能说它是无限的。这就像是在地球上不可能永远继续朝北走下去一样，当你走到最北极的时候，也就意味着你走到了尽头，只不过我们仍不能把那里看做真正的终点。

也正因为这样，霍金说，宇宙在开端处没有边界，因而是一个自足的整体。他推断出宇宙是完全自足的，不需要上帝去开启它。

在宇宙开端这个问题上，霍金的认识具有很大的创造性，这就为真正解决这个问题提供了科学的思路，同时，这也成为他在科学研究生涯中最有价值的贡献之一。

02 “活着的爱因斯坦”

一提到霍金，我们就会不由自主地想到爱因斯坦，他们同是20世纪最伟大的物理学家，霍金也被誉为“当代的爱因斯坦”。

我们知道，爱因斯坦一生中，最重要的贡献就是创立了相对论。他在1905年发表了狭义相对论，在1915年发表了广义相对论。

20世纪70年代初，霍金便受到了媒体特别的关注，他在人们心目中的形象越来越神化。霍金一项又一项新成果的问世，换来了人们对他越来越多的尊敬，霍金也被人们看做“活着的爱因斯坦”。

这时的霍金，身体被病魔折腾得不成样子，但在人们心目中，他的形象是很高大的。与此同时，他的工作也做得有声有色。

1968年，霍金被邀请到英国的理论天文学学院担任职务。

这个学院颇有渊源，它位于剑桥郊区一幢现代化的建筑里。弗莱德·霍伊尔之前是这个学院的院长。后来，他与剑桥当局产生了矛盾，一番大吵后就辞职了。在霍伊尔离开之后，理论天文学学院便与剑桥天文台合并到一起，并且把“理论”一词删去，因此名字变成了“天文学学院”。

霍金在这个学院工作得很开心，与他合作的是一位年轻的射电天文学家，他叫西蒙·米顿，在天文学学院担任行政主管。

在该学院任职期间，霍金可以自由地发挥，与爱因斯坦一样，凭着坚毅的性格、严谨的工作态度，赢得了周围人的好评。

在天文学学院，霍金的工作时间相对宽裕，每周只需工作 3 个上午，不过每次去上班是极度困难的。霍金每天要从他居住的小圣玛丽巷出来，然后沿着公路一直到郊外。如此遥远的路途，坐轮椅去显然是不现实的，所以，霍金找来一辆专供残疾人用的三轮车，每天上下班的时候，他就骑这辆三轮车。

由于霍金特殊的体质和聪明的头脑，他到学院不久就广为人知。一起共事的同事都对他十分照顾，每天霍金到达学院后，米顿就亲自出来迎接他，并帮他下车和上楼。时间久了，霍金的工作能力被大家认可，于是，他在学院里有了自己的办公室，随着他的声望日益提高，学院也越来越重视他。

霍金的加入给这个学院增添了不少色彩。在这里，经常有科学家和研究生来工作和交流学术观点，他们当中的许多人都是因为想与霍金探讨而来。霍金虽然在天文学学院工作，但他对天文学并不感兴趣，他最感兴趣的还是理论物理学。

与霍金合作的米顿是个非常重视人才的领导者，他对霍金有很高的评价，称霍金是“有吸引力的人物”。

米顿后来回忆说，和霍金在一起工作是非常困难的一件事，不知道是不是生病的原因，霍金很容易急躁，并且缺乏耐心，风趣和幽默的时候几乎没有。和霍金一起工作的秘书也经常含着泪水向米顿诉苦，说与霍金共事实在是太不容易了。每当这个时候，米顿就向这些秘书、助手们解释说，霍金的这种性格可能是由于病情所致。

在工作中，霍金的要求的确是很严格的。上班时间，他总是坐在办公室里，使用电子计算机、纸和笔进行运算和写作，有时也会闲下来坐在那里静静地思考，这种工作状态一直持续了很多年。

身患重病的霍金一直专注地工作，并且潜心思考，这点是常人很难做到的。霍金的价值没有被掩藏起来，天文学学院似乎比冈维尔与凯斯学院更能意识到霍金的价值。

为了给霍金一个优质的工作环境，院方想出各种办法帮助霍金，以减少他因身体原因而产生的各种不便。并且，为了方便霍金与他人交流，他们还特意在他的办公室里装了一部电话。

这部电话对霍金来说有很大的用处，它的自动化程度在当时是相当高的，技术人员花了整整一个星期才安装好。他们在霍金房间里装了一个中继箱，预先把电话都设置好，霍金只要一拿起电话，按一个按钮，就能拨通想要拨的电话。

在天文学学院，霍金一向受到极高的礼遇，这与他在工作上的表现相关。在学院里，许多研究生一听到“斯蒂芬·霍金”这个名字就肃然起敬。随着他完成了越来越多的学术作品，霍金的崇拜者越来越多，他也因此越来越受人瞩目。不论是在工作态度上，还是在工作成就上，霍金的表现都令人敬佩，他用实际行动演绎了一个“活着的爱因斯坦”。

03 探听时间的秘密

20 世纪 80 年代初，霍金提出了这样一个让人备受启发的问题：时间究竟有没有开端？

为了揭开这个谜底，霍金把量子引力论加入自己的思考中，并且形成新的思路和解决问题的办法。

霍金与彭罗斯再次重整思路看待黑洞问题时，他们收获了更多的东西。1974 年年底，霍金和彭罗斯在研究黑洞的过程中发现，单纯运用广义相对论的原理来研究黑洞问题是很不完善的。经过一系列的分析，他们认为应该将量子力学的规则运用到黑洞研究中去。

其实，在霍金与彭罗斯产生这个想法之前，很多物理学家都尝试把量子理论与相对论结合成一个统一的理论。爱因斯坦就一直致力于二者的统一，只不过直到生命的尽头也没有找到解决问题的办法。

然而，不断进取的霍金知难而上，他将自己置于这样一个困难的境地：探讨在宇宙初始相对论和量子力学是如何相互联系和相互作用的。让人欣慰的是，他对这个问题的研究取得了一些进展。

在霍金提出这个观点后，美国著名物理学家理查德·费曼又进一步发展了量子力学理论，他企图想办法找到一组方程式来描述所发生的现象，进而预测电子、光波和其他物质的运动规律。他所采用的方法被称为“历史总和”和“路线积分”。

后来，霍金看到了理查德·费曼的方法的可取之处，便加以吸收，大胆地运用“路线积分”的方法来研究宇宙问题。可以说，这是一项具有创造性的尝试。1981 年，霍金又运用了费曼量子力学“历史总和”的方法。这两种方法相融合，让霍金的思路变得更加完整，并在解释宇宙是如何形成的问题上取得了突破性的进展。

研究出新成果后，霍金迫不及待地想在适当的时候公布这一观点，机会很快就来了。

1981 年，基督教会邀请当时世界上的一些著名科学家参加在梵蒂冈举行的大会，讨论宇宙演变的情况，不过，教会的观点与霍金的论断是截然不同的。

20 世纪 80 年代，教会认为科学家可以研究宇宙以后的运行情况，但“上帝创造宇宙”这一观点是不可动摇的。霍金借此机会，向大会阐明自己的观点，并且拿出了强有力的证据。不过，即便霍金说得头头是道，也未能得到教会的认可，因为就霍金的观点来看，宇宙起源是与上帝没有关系的。

自己的观点不被参加大会的人认可是霍金意料之中的事情，不过这并没有打击他的自信心。霍金的目的是要完全消除宇宙在时间和空间上的边界，从而创造一个“宇宙无边界”模型。

虽然霍金的这一设想只是初步猜测，但并不是凭空想象出来的。因为，量子理论“路线积分”的重要方法揭示了宇宙只有有限的几个生命周期可供选择的事实。这就像是一个电子只能以一定的轨道围绕着原子核旋转，以此类推到宇宙，会发现两者具有惊人的相似之处。

霍金提出的无边界理论运用了非欧几何的方法。非欧几何是研究曲面上的图形性质的学科。三维非欧几何空间中认为，空间是弯曲的，这种弯曲与球面的弯曲类似，它可以是自我封闭的，虽然没有边界，却包含着有限的体积。

无边界理论听上去很抽象，也并非一般人能够想象出来的，但霍金能够在这个问题上进行深入、透彻的分析研究，得益于他丰富的几何想象力。虽然他在语言上存在着较大的障碍，但他非常善于用图像和其他可以视觉化的东西，如几何图形，来解释他的理论。

为了让大家比较形象地理解“宇宙无边界”理念，霍金曾把宇宙看做一个气球，这是一个非常具有创造力的想象。霍金引导人们把空间看做气球的表面，把宇宙从大爆炸到坍缩的演化过程看作气球从开始充气膨胀到后来放气变瘪的过程。气球的表面既代表空间也代表时间，当气球膨胀的时候，空间和时间也都随之膨胀。

另外，霍金还非常有创意地用地球模型代替气球模型来洞察宇宙的奥秘，这样做的好处就是，能够更好地把宇宙的历史当做一个整体来加以考虑。我们可以想象：宇宙大爆炸是从地球北极开始的，然后不断膨胀，在地球的赤道处膨胀到最大后，便开始逐渐收缩，直到宇宙最后在南极处缩为一个点。

这种借助地球模型对宇宙演化进行描述的方法比用气球模型说服力要强很多。想象宇宙诞生在一种超密状态中，然后不断演化，经过膨胀和坍缩，最终又回到超密状态。这就好比是在地球的北极，没有再向北的方向，所有的方向都指向南方，也就是在地球北极是无边界的。而之所以造成这种情况，完全是由于地球表面的曲率。

同样的，用这个原理来解释宇宙大爆炸，能向人们提供一个十分形象的关于宇宙演化的描述。因为宇宙中的时空也存在着曲率，所以在宇宙大爆炸时，宇宙没有过去，所有的时间都指向未来。

在这个想法的基础上，霍金还做了进一步的设想：如果我们站在稍稍离开北极的一个地方，然后朝着正北的方向一直走下去，那么即使自始至终都是直线行进，但过不了多久，就会发现我们不再是朝着正北的方向走，反而是朝着正南的方向走了。之所以出现这种情况，是因为地球表面是一个弯曲的圆弧，不存在真正的边界。

如果将这个理论放到宇宙中，试想从宇宙大爆炸稍后的某一时刻让时间逆行。但是要想退回到大爆炸以前的时间是根本不可能的，因为宇宙大爆炸以前根本不存在时间。

斯蒂芬·霍金关于“宇宙无边界”的理念有着非同凡响的意义。因为他一方面向世界公布了他的新理论，一方面向“上帝创造世界”的神学观念提出了挑战。霍金曾明确指出：“只要宇宙有一个开端，我们就可以设想存在一个造物主。但是，如果宇宙确实是完全自足的、没有边界或边缘，它就既没有开端也没有终结——它就是存在。那么，还会有造物主的容身之处吗？”

虽然霍金没有足够的理由否认上帝的存在，但他对于“上帝创造宇宙”的观点已经提出了质疑，就将继续吸引有创造力的人们继续探索下去，以看清宇宙起始的真相。霍金不仅仅是一个发现家，还是一个解密者，浩渺宇宙有多大，他的思维就有多远，这是对科学的探秘，也是对自我思维的探秘。

第八章

平凡与伟大

——荣誉铺天盖地，生活还要继续

在他眼里，轮椅不只是代步工具，更是他瘫痪身体的一部分，是他生命中不可缺少的一件东西。有时候，他的喜怒哀乐也会通过轮椅表现出来。生气的时候，他无法对别人大喊大叫，也不能通过让计算机发出那毫无起伏的声音来表达自己的心情，只有驾驶着轮椅横冲直撞；如果他感觉有人在浪费自己的时间，他会突然扭转轮椅，迅速离去；当他面对乏味的人时，他也会驾驶着轮椅摇头走开……

01

“为我们的斯蒂芬干杯！”

霍金有很多名号：“当代的爱因斯坦”、“宇宙的主宰者”……他是当今科学界最璀璨的明星之一。

这些称号也许全是源自他成为最年轻的皇家学会会员之一。

20 世纪 70 年代中期，大众追寻科学、探求真理的意识开始复兴。一个可以把整个太阳系吃掉的黑洞，这种奇怪的天体激起了大众的想象，无限地增加了人们对于宇宙的神秘向往。也就是在这个时候，那些把物理学家提出的思想过于通俗化的作家们，手捧着这些严肃的理论大吹特吹。

关于黑洞辐射，霍金写了一篇非常漂亮的论文，这具有非同一般的价值，它标志着物理学的统一理论取得了重大进展，标志着人们对宇宙有了更深层次的探究。

20 世纪初期，物理学出现了两个重要的理论，一个是研究宇宙宏观结构的相对论，它由爱因斯坦提出，还有一个是研究原子微观结构的量子力学。前面已经说到，许许多多物理学家，包括爱因斯坦，都想把这两个理论统一起来，结果却以失败告终。

而霍金在他 32 岁的时候，通过黑洞这个媒介，把宇宙宏观结构和原子微观结构协调起来，使相对论和量子力学得到完美的统一，获得了连霍金自己也想象不到的“不可能”的成果。同样也是因为这个成果，霍金获得了意想不到的荣誉，他顿时成为物理学界十分重要的人物。难怪他的导师夏玛教授也称赞霍金的论文是“物理学史上最漂亮的论文之一”，因为今天任何物理学家都知道什么是霍金辐射，以及它的重要性何在。

霍金本人则象征着他自己的研究理论，他变成了身体残疾的黑洞太空人，他正在以“当代爱因斯坦”的头脑洞察着宇宙的奥秘，给人们无限的遐想。随着大众对黑洞的知晓，20 世纪 60 年代末期以来，霍金的神秘魅力以剑桥大学为中心不断向外辐射，并扩展到物理学的象牙塔之外。关于黑洞的报刊文章与电视纪录片不断出现，霍金也开始在这些媒体上露面。由于新闻媒体的大肆宣传以及黑洞理论本身的影响力，霍金的成就也引起了科学界权威的注意。

1974 年 3 月，“霍金辐射”公布不到几个星期，霍金和珍妮就得到消息，霍金将被选为英国皇家学会会员，这是科学家最高荣誉之一，其分量仅次于诺贝尔奖。而霍金是这个学会的漫长历史中，接受这项荣誉最年轻的一位科学家。

3 月 22 日晚上，华灯初上，霍金的学生隆重地把他和妻子珍妮以及两个孩子一同请到冈维尔与凯斯学院，庆贺他即将成为皇家学会会员。

授予仪式在位于卡尔顿宫街 6 号的皇家学会总部举行，它坐落于伦敦西区，是一栋拥有白色廊柱的大厦，可以俯瞰圣詹姆士公园。按照传统程序，新会员必须步行走上大会议厅的讲台，然后在荣誉名册上签名并与主席握手。

然而霍金总是与“特别”相关，当时的主席，诺贝尔奖得主，生物物理学家霍奇金爵士亲自拿着荣誉名册，缓慢地走下来到第一排让霍金签名。这一举动足以让这位身患残疾的年轻学者得到足够的掌声。

当霍金写名字的时候，整个大厅鸦雀无声，每个人的脸上似乎都不自觉地带着庄重与严肃。霍金花了很长时间才签完自己的名字，一个个字母缓慢地出现，与其他的新会员排在一起。等霍金写完最后一个字母时，霍奇金从他的腿上拿起荣誉名册，这时，与会的科学家们再一次爆发出如雷鸣般的掌声。

那天，当地的新闻媒体争相报道了当时的盛况。

伦敦的授予仪式结束之后，应用数学及理论物理系举行了一个宴会。霍金的朋友、家人与系里的同事全都应邀来祝贺他的成就。丹尼斯·夏玛既是资深教授又是霍金的导师，众人便邀请他为这位最成功的门生发表贺词。

在学生们的欢呼声中，夏玛教授进行了热情洋溢的讲话。他在历数霍金所有的成就之后，郑重说道："即使没有皇家学会会员这样一个顶级的荣誉，霍金的成就也已经充分说明：我对他的信任是正确的。我提议：为我们的斯蒂芬干杯！"

全场洋溢着欢乐的气氛，大家频频举杯为这样一位年轻的皇家学会会员祝贺。

这样的夜晚，注定是迷人的，每个人都在为霍金欢呼。

霍金并没有为这次宴会做什么准备工作，他也在学生们的欢呼声中致了答谢词，简单却值得回味。

他的语速很缓慢，声音也有点小。他回顾了自己到剑桥大学以后走过的不寻常的道路，这里面有坎坷，有辛酸，当然也有兴奋和欢笑。他一边回忆一边慢慢地说着，他感谢他的导师夏玛教授给予他的支持和帮助，感谢朋友们出席宴会……

他的讲话虽然没有华丽的辞藻，却句句真切、感人，掌声不断在宴会上响起。

当朋友与亲人随着夏玛教授干杯时，霍金认认真真地环视全场。他的内心突然升腾出很多感慨，他知道自己已经走了好长一段路，但这仅仅是一个开始。虽然他会永远把皇家学会会员的授予仪式视为终生事业中最自豪的一刻，但在事业的阶梯上，他知道他还有许多台阶要爬。纵有各种不幸——或者可能像某些人所认为的，正是因为这些不幸——他更要勇敢地继续向人生的最高峰攀登。在双脚不能到达的地方，他的思想将翱翔其上。

02 短暂的“天堂”时光

霍金成为皇家学会会员之后不久，便应邀到位于美国加州帕萨迪纳的加州理工学院做一个短期研究。这是由谢曼·费尔恰德杰出学者奖金提供的资助，霍金将在美丽的加州理工学院与美国著名理论物理学家基普·索恩一起研究宇宙学。

正是这次外出机会，成就了他生命中难得的一段舒适又惬意的美好时光。

加州理工学院位于加利福尼亚州洛杉矶东南方60多千米处一个叫帕萨迪纳的小镇上。绿意盎然的帕萨迪纳位于洛杉矶郊区，紧邻好莱坞东北角的圣加布里埃尔山，这里有宽阔的林荫大道贯穿其间，两边有序地排列着高大的老房子。在好莱坞的全盛时期，这里曾是电影明星最爱光顾的地方。帕萨迪纳的主要街道科罗拉多大道，随着歌曲《帕萨迪纳的小老太太》得以流传不朽，在过去几十年中，不乏大名鼎鼎的人物在此居住。

有一位作家曾这样形容帕萨迪纳：“甚至帕萨迪纳的空气也截然不同，温馨柔和，弥漫着鲜花的芳香。风景如同用蜡笔画出的一幅色彩绚丽的图画：天空呈银灰色，大地上还遍布橙黄、淡紫、乳白和浅棕的色泽。小镇坐落在紫红色的圣加布里埃尔山脚下，富足、精致、宁静，是洛杉矶阔佬们在市郊的一处休闲胜地；它被称为‘百万富翁村’，看起来名不虚传：蜿蜒的街道两旁点缀着棕榈树，带阳台的平房随处可见，西班牙式的别墅掩映在树林深处，园丁剪子的咔嚓声和喷淋器的嘶嘶声，使周围更显得安详静谧。与波特兰崎岖的道路、阴暗的杉林和刺骨的冬雨比较起来，帕萨迪纳简直像是天堂。”

加州理工学院就坐落在这样一个天堂般的地方。它不仅环境优美，学术气氛也非常浓烈，是一所久负盛名的大学，那里每天都有最激动人心的想法、最新的发现，许多科学家的思想在这里开出了鲜艳的花朵。爱因斯坦在20世纪30年代，几次到这里来发展他那奇妙的思想；“科学奇才”费曼也是在这里一次又一次震惊了科学界；记忆力与霍金可以媲美的盖尔曼在这里提出过夸克理论；两次获得诺贝尔奖的“怪杰”鲍林也是在这里建立了他在科学与和平事业上的功勋……索恩也很想让物理学界的奇葩霍金来到阳光明媚的帕萨迪纳，这样他们可以就宇宙学新发展进行讨论和争辩，也许可以获得一定的灵感。

索恩为了吸引这位当红人物，自然提出了极优越的条件。首先，付给霍金的报酬远远超过美国一般的生活标准；其次有一套免费住房，非常宽敞，而且家具齐全；再其次，给霍金一家配一辆汽车和一辆电动轮椅，这可以使霍金获得最大限度的独立性，不必依赖别人就可以到处行走。除此之外，连霍金需要的理疗以及医疗都已安排妥当，孩子就读的学校也安排就绪。最后，考虑到珍妮一个人照顾霍金有困难，索恩还邀请霍金的学生卡尔和德阿斯一起前来加州理工学院……

霍金十分满意这种安排，便欣然答应到加州理工学院访问。珍妮也十分高兴，因为她与霍金在情感上出现了裂痕，现在正需要一种变化，这种变化或许会弥补他们之间的感情创伤，带给他们一个新的视野，一种新的动力。

对于这个美丽的城市，全家充满了向往，家里每个人都对这次短暂的迁居兴奋不已。

珍妮负责所有的细节工作，包括预订机票、收拾行李与计划行程，要把手脚不灵便的丈夫以及两个小孩都带到世界另一边，需要准备和考虑的事情真是很多。

1974年8月27日，霍金一家四口加上两个学生终于到达洛杉矶。

一下飞机，加州的一切就让珍妮和两个孩子惊讶：高高的棕榈树，城里城外四通八达的公路，高耸入云的摩天大楼。最让珍妮高兴的是他们住的房屋，不仅漂亮、高雅，而且住着舒服自在。大沙发足以让两个孩子陷进去出不来，色调又那么和谐宜人。他们在英国还从来没有享受过这种奢华。

在加州理工学院，霍金受到了隆重的欢迎，接待与照顾十分周全、细致，就像在剑桥的学院中一样。他们住的房子正对着校园，因此，霍金去办公室非常方便，而且他得到一个电动轮椅，霍金高兴得像个小男孩得到一件奇妙的玩具一样，立即兴奋地学习如何操纵它。这个轮椅从外面看与以前的轮椅差不多，但跑起来更快，这使他可以独立地去任何他想去的地方。

不仅如此，院方还细心地在霍金办公室附近街道的一些台阶处装上了木制的斜坡，以便他能方便地驱动轮椅来去。院方还提供给他一间漂亮的办公室以及一切做研究可能需要的帮助与资源。研究工作进行得非常顺利，他发现与索恩的小组合作，既有启发性又有实质的收获。

生活上，珍妮与孩子们很喜爱加州的气候，空气污染、噪声与交通拥挤的缺点与加州的海滩和蓝色的太平洋相比，已经微不足道。

他们的第二个孩子，金发的露西当时已经 4 岁，是个典型的加州花童，她很喜欢这个美丽的地方。罗伯特也跟着父母过来了，当霍金不忙工作的时候，全家就有充裕的时间聚在一起，做一些他们喜欢的事情，享受加州的阳光和空气。

在这个学术象牙塔中，帕萨迪纳像剑桥一样舒适，而且多了阳光的照耀。珍妮有时间就会带着孩子们去迪士尼乐园玩，朋友与同事们也经常来访。他们还开着车到一些地方旅行，常去漂亮的海边散步，在工作之余享受完美的假期生活。

美好的日子总是短暂的，“天堂”时光很快就结束了。

1975 年，霍金全家回到英国。

一切又回到旧有的常规，这时全家突然觉得有点不适应。他们不想再回到老套的剑桥生活中去了，虽然就某些方面而言，他们很高兴回到家里——乡间绿意盎然，电视节目较为精致，茶的味道简直像上帝定制的，然而他们已经过惯了加州的舒适生活，对于剑桥生活的种种不便，现在只能怀着有所改善的心境了。

03 胆战心惊的“飙车”

你能想到霍金是一个“飙车”高手吗?

受疾病的影响，霍金的手脚非常不灵便，可他真算得上是一个驾驶轮椅的高手。

对于不能走路的他来说，轮椅就是他的“玩具”，他能把轮椅玩出许多花样，甚至经常搞出一些胆战心惊的“飙车”场面。如果你是一个旁观者，你会惊叹，在这个世界上，也许真的很难再找出第二个这样乐观且具有旺盛生命力的人了。

刚患病的时候，霍金一直拒绝用轮椅代替行走，他宁愿让珍妮搀扶着慢慢地挪到办公室去。因为他的心里有一种恐惧感，他认为一旦使用轮椅，就意味着他承认自己的残疾，这是他在情感上和精神上不能容忍的，他不能承认自己是一个需要辅助工具才能行走的人。但随着病情的加重，他最终不得不向现实妥协，过上了轮椅上的生活。

然而，真正有轮椅之后，他改变了之前对轮椅的认识，他发觉轮椅可以给自己带来很多好处，帮助他更容易、更自由地到处走动。有了电动轮椅之后，他感到更加方便了，轮椅多少减轻了疾病带给他的痛苦感受。

不久，霍金还成了技艺出众的轮椅驾驶员。当置于全速挡的时候，轮椅可以开到相当于跑步的速度，而霍金非常喜欢用全速挡。他并不害怕，就这么突然疾驶到路当中，好像所有过往车辆都会停下来似的。他的助理总是紧张地跑在前面，以防意外发生。

珍妮曾经因为霍金不再驾驶三轮汽车而感到宽心，不过她高兴得太早了。因为霍金驾驶电动轮椅的样子更让人不放心，甚至有一次还出了事故。

当这位最著名的科学家驱动着轮椅过马路时，有位汽车司机没有注意到他，汽车撞翻了轮椅，把霍金那虚弱的身躯抛到了马路上。

这次意外相当危险，但上天比较眷顾这位宠儿，霍金只受了点轻伤，只是脸被划破了，肩膀被擦伤了而已。当人们把他送进医院后，他并没有理会医生的劝告，只休息了48个小时，便回到了他的办公室，告诉他的助手把书和论文都放到他面前，重新投入工作中。这正是他一贯的作风。

在另一些场合，他爱乱跑的古怪行为曾经带来很大的麻烦。1989年6月，霍金应邀来到牛津大学作重要的演讲。刚上任不久的年轻物理学教授乔治·爱费斯塔修被指派了一件不值得羡慕的差事，那就是要在演讲前后全程照顾这位来访的著名学者——霍金。

讲座设在牛津大学动物学系，那里有全校最大的阶梯式讲堂。爱费斯塔修负责把霍金护送到讲堂去，那里的600名学生、牛津大学副校长、牛津当局要员以及一些对霍金的研究感兴趣的人士都等待着他的到来。

霍金需要乘坐一部双人电梯到达楼下，然后通过一段走廊进入讲堂。当时电梯门正开着，爱费斯塔修正准备帮助霍金进到电梯里，霍金早已开足马力向着电梯冲去，把爱费斯塔修远远地甩在了后边。

爱费斯塔修被霍金这突如其来的行动惊呆了，他清楚地记得自己当时的心情：震惊。尽管当时他估计就算只是这么短的距离，霍金也不可能在电梯门关上之前及时进入狭窄的电梯，可他只能手足无措地看着自己的贵宾冲向那个门缝。

他简直不能相信自己的眼睛，他想跑几步去追上霍金的轮椅，但已经不可能了，霍金的轮椅已经进入电梯里面。然而，这时麻烦来了。在霍金冲进电梯里时，轮椅的一个角扭歪了，使轮椅在狭小的电梯空间卡住不能动弹，这时电梯的门开始自动合拢，把轮子夹在中间。爱费斯塔修焦急万分，因为讲堂里有那么多人正等待着这位著名科学家，他却没有做好照顾工作，使得霍金被卡在电梯里进退两难，且碰不到任何控制电钮。霍金倒是非常镇静，他忙着把指令输入电脑，想要指挥轮椅倒退。

从惊诧、慌乱中回过神来的爱费斯塔修赶忙跑上前去，按下了开启电梯门的按钮。电梯门重新打开后，霍金将电动轮椅来了一个急转弯，对着爱费斯塔修咧着嘴笑起来，那笑中多少带有些顽皮的色彩，像个玩闹时犯错的小孩子。

还有一次，霍金在比利时的布鲁塞尔开会，散会后他准备乘飞机回英国。但送他上机场的汽车迷了路，到达机场时，时间已经很仓促，稍有延误就赶不上飞机了。

霍金驾驶着轮椅呼呼地全速飞驰。他果真是个很好的“飙车”高手，在飞机起飞前几分钟，他如愿以偿地成功登机了。霍金对此还扬扬得意地吹嘘自己是了不起的驾驶员。

……

这样的例子太多，到后来，霍金的“飙车”行为可以说是司空见惯。在他眼里，轮椅不只是代步工具，更是他瘫痪身体的一部分，是他生命中不可缺少的一件东西。有时候，他的喜怒哀乐也会通过轮椅表现出来。生气的时候，他无法对别人大喊大叫，也不能通过让计算机发出那毫无起伏的声音来表达自己的心情，只有驾驶着轮椅横冲直撞；如果他感觉有人在浪费自己的时间，他会突然扭转轮椅，迅速离去；当他面对乏味的人时，他也会驾驶着轮椅摇头走开……

也许轮椅在霍金的生命中早已不是一个工具，更成为一种个性的表述方式，谁又能说驾驶着轮椅飞驰的霍金不可爱呢?

04
爱情在声名到来时消融

20 世纪 70 年代，霍金作为一名物理学家，声名鹊起。这也是他在以后几十年中逐渐成为世界一流物理学家的开端。

从 1975 年到 1976 年，这短暂的两年中，他获得了六项大奖：皇家天文学会的爱丁顿勋章、庇护十一世勋章、霍普金斯奖、丹尼·海涅曼奖、麦克斯韦奖和皇家学会的休斯勋章。

如此多的荣誉像光环一样笼罩在霍金身上，这为他引来了众多崇拜者。他像著名的影星一样，走到哪里都能引起轰动。

他在科学探索和科普写作两个领域里做出了杰出的贡献，知名度越来越高。他的理论得到学术界的广泛认可，他的科普作品也受到大众的欢迎……

霍金的人生中充满知识的灵性，但这并不影响他富有家庭气息的性格。他热爱家庭生活，闲暇时常常和孩子们一起玩耍。他最爱做的事情就是在街道上驾着轮椅，用他娴熟的驾车技巧逗孩子们笑，他还会同孩子们玩捉人的游戏，这都让孩子们十分开心。

但遗憾的是，霍金的身体决定了他不能像一个正常的父亲一样，与孩子们玩各种球类游戏。无可奈何，珍妮只得既当母亲又当父亲，照顾霍金之外，她除了忙家务，还要挤出时间来同孩子们玩板球、铅球之类的游戏。

霍金所获得的奖项越来越多，声名大振，但珍妮并不高兴，她对他们的生活与她在家庭中的角色渐渐有了不同的看法。加之，那时西方正处于妇女觉醒的时期，各种妇女运动在西方不断开展，并得到法律和媒体的支持，妇女的权益和自尊开始渐渐增加，妇女对自己在社会中的角色地位有了新的认识。这些都对珍妮的思想变化产生了影响。

其实，她并非不愿意为自己的丈夫做一个全职护士，她很乐意做丈夫的背后支柱，全力地支持丈夫的辉煌事业，尽管这意味着她需要独自一人奋力地支撑这个家庭。但是，这时的珍妮深深地感到自己作为一个社会人、作为一个知识女性的价值被忽视了，她需要发挥自己的价值，让社会认同自己的能力。正像她曾经说过的一样：假如你的身份只是孩子们的母亲，剑桥绝不是一个容易待的地方，压力会迫使你在学术上找到自己的出路。

剑桥看上去是一个文雅的英格兰城镇，但它的文雅背后仍有着一定的糟粕之处。尽管在大学社区中，大家都知道霍金背后有一位了不起的女性，为霍金无条件地奉献着自己的一切，努力地做着伟大的妻子和母亲，但珍妮有点迷茫了，她开始感觉自己就好像著名学者霍金的一个随从或一个附属物，失去了自身本应该具有的价值，她完全可以凭借自己的才能成为一名成功的女性。

当丈夫获得一个个奖章时，珍妮却陷入不可自拔地失去自尊的担忧中。她曾说："我感到十分难过。我看到自己为霍金创造一切条件，同时还要抚养两个孩子，但荣誉总是归于他。"

每个人都会在理想的两端摇摆。一面是陪伴几年的丈夫，一面是逐渐失去的自我，如何选择？珍妮在这个痛苦的抉择面前，显得不知所措。

终于，珍妮勇敢地踏出了第一步，决定改变自己，她开始攻读中世纪语言学的博士学位，把西班牙与葡萄牙诗歌作为主攻方向。但对于一个已经过了很久全职家庭主妇生活的女人来说，改变并不是轻而易举的，经历也并不愉快，以至于她后来在回忆这段历程时说道："这不是一段愉快的经历，当我学习时，我的脑子在想着应该陪孩子们玩；而当我与孩子们玩耍时，我的脑子又在想着学习。"

珍妮终归是一个不普通的女人，她面对这些挫折没有退缩，也没有被繁重的课程压垮，她以超人的毅力挺了过来，完成了学业，顺利地成为剑桥的一名中学教师。然而，她还是没有摆脱那种附属物的感觉。她曾经这样说道："我不是一个附属品。然而霍金知道，当我们去参加一些正式聚会时，我的这种感觉非常强烈。有时别人甚至都不为我介绍，我跟随在霍金后面，却不知道是在跟谁说话。”

婚姻里没有是非对错，我们也无法将责任全部推到霍金身上。因为霍金从没有忘记珍妮为他的事业和健康所做的一切，他一有机会就向他的朋友、同事和同学表示自己对珍妮为他做出的巨大努力和牺牲的感激和敬意，同时也为自己在养育儿女方面不能做更多的事情而感到抱歉。但是，身体的残疾实在让霍金心有余而力不足。

当然，夫妻之间的不满情绪并不是一时或者一事造成的，原因是多方面的，问题也是天长日久积累下来的。

除了珍妮在心理上感觉不平衡之外，珍妮与霍金之间的最大的隔阂，应该是宗教问题。

珍妮自小就是一名虔诚的基督教徒，她对上帝有着崇高的信仰。而霍金虽然不是一个无神论者，但他不能把他的宗教信仰吸收进他的宇宙观中。他的一番话反映出他对待上帝的态度：“我们是这样微不足道的生物，生活在一颗极普通的恒星的一颗小行星之上，而这颗恒星又处于千亿个银河系之一的外围。所以我很难相信上帝会把我们当一回事，甚至注意到我们的存在。”他对上帝的态度显然与珍妮的宗教观相悖。

尽管霍金并不否认上帝的存在，也不否认宗教的作用，但珍妮认为她的丈夫如果从他的宇宙观出发，大有排除上帝的可能，这将大大地影响她与霍金的关系。

随着霍金的声望和影响逐渐增大，这个问题也就越来越严重，这个敏感的问题使得两个人之间只剩下尴尬。

珍妮觉得霍金正在通过他的研究工作讨伐宗教信仰，或者他正在试图证明宗教信仰是错误的，他在宇宙学研究中的纯数学推理践踏了对上帝的信仰。

霍金无法理解珍妮崇高的信仰之情，对珍妮表现出来的冷漠也显得不知所措。

再美好的爱情都将受到现实的考验，上天对这对璧人的考验也来临了。

在霍金夫妇从前的生活中，他们之间的宗教信仰冲突并没有成为一个问题，可当珍妮发现霍金正在探讨的问题危及她的美好信仰时，她的内心不自觉地生出了一份警觉和防备。特别是霍金的“宇宙无边界”模型，认为宇宙可以自我包容，这是珍妮最不能忍受的。当别人问及宇宙是如何达到这一状态时，霍金的回答总是斩钉截铁，他认为这根本不需要解释，因为“宇宙本来如此”。而霍金如果坚持这一点，宗教的存在就成为问题了。

时间渐渐流逝，流逝的不仅仅是时间，霍金与珍妮之间的关系也逐渐变淡。

05

挡不住的荣誉

当霍金回顾一生前 32 年所获得的成就时，一定会为自己的成绩感到骄傲和自豪。

20 世纪 70 年代末，霍金成为科学界的一颗超级明星，拥有了世界级物理学家的声誉。

而在此后 20 年，他在尖端研究与通俗写作这两个迥然不同的领域里，分别获得了惊人的成功，成绩斐然，真可谓星光熠熠。

他正在一步步靠近梦想。

1978 年，霍金获得了阿尔伯特·爱因斯坦奖。这个奖是世界物理学界最有威望的大奖，与诺贝尔奖齐名，在物理学界有着很重的分量，得奖的人都是为物理学做出过重大贡献的人。

颁奖庆典在美国的华盛顿举行，当“斯蒂芬·霍金”这几个字被说出来的时候，场内立即报以最热烈的掌声。嘉奖词中也充满着激动和兴奋，发言人宣称霍金为物理学的研究做出了突出的贡献，他的研究可能促成统一场论的建立，而这正是科学家们一直寻找的。霍金能够获得这项大奖，说明科学界对他多年来在宇宙物理学研究方面所做的贡献给予了充分肯定和高度评价。

获得此奖后，霍金顿时成为各大媒体关注的焦点，广播、电视、报纸、杂志纷纷报道这一重要新闻，霍金的知名度再次大幅提升。同时，也有很多媒体预测，按照这种趋势发展，霍金有可能获得诺贝尔奖。

霍金究竟能不能获得诺贝尔物理学奖?

随着媒体的争相报道与众人的猜测愈演愈烈，年仅 36 岁的霍金是否能获取诺贝尔奖一时成为一个热门话题。支持与反对各有一半，声音大不相同，这更增加了霍金的神秘感。

值得一提的是，在霍金获得阿尔伯特·爱因斯坦奖一年之后，就是爱因斯坦诞辰一百周年纪念，霍金与同事合著了《广义相对论概论：纪念爱因斯坦百年诞辰》这本书，由剑桥大学出版社出版。此书虽然具有很强的理论性，但销售情况非常好，一面世就受到读者的追捧。各大售书场所经常出现脱销的情况，精装本更是很快就被抢购一空。

他的著作之所以有这么好的反响，原因之一就是读者认为霍金虽然身体有严重的残疾，思想却非常深刻，因而很值得崇拜。

霍金的名声急剧上升，想要采访霍金的人排起了长队。

英国广播公司还播出了一个名为《宇宙之钥》的电视节目，主要介绍霍金的最新工作，并评论他这个人以及他对统一广义相对论与量子力学这个“宇宙之钥”所做的努力。这是大众第一次接触这位皇家学会会员，了解他的残疾与他的工作。当时，有上百万英国人观看了这个节目。

从 1977 年起，霍金与他的研究的知名度在剑桥、在英国乃至全球不断攀升，但奇怪的是，这样一位著名的科学家、皇家学会会员以及黑洞理论的重大贡献者，尽管在各大媒体频繁出现，但他居然没有剑桥大学教授的职位。

有人暗示，校方无意给这位严重残障的科学家一个教授的职位，可能是怕他的疾病会随时夺去他的生命。

然而这种猜测被止于 1977 年 3 月。

在美好的 3 月份，剑桥大学校方决定授予霍金一个特别设立的引力物理讲席，明确指出只要他待在剑桥大学，这个职位就永远是他的。

1979 年，又发生了一件令霍金兴奋不已的事情，这就是霍金被剑桥大学任命为卢卡斯数学教授。

霍金本人十分看重这项荣誉，因为这个职位在科学史上有着十分重要的地位。

剑桥大学毕竟是一所古老、有声望的大学，除了 310 年以前即 1669 年牛顿在得到这个席位时年仅 27 岁之外，还无人在如此年轻的时候获得过这一职位。霍金在 37 岁时获得这样一个重要的席位，自然是不寻常的一件事。

霍金在剑桥大学卢卡斯数学教授的就职仪式上做了非常重要的演讲，演讲的题目是《理论物理的终结是否在望》。

他在演讲中说："一个描述宇宙基本规律的统一理论可能在 20 世纪末出现。"

这是一个激动人心和令人鼓舞的想法，当听众涌出会议厅时，都知道如果有人可以给出这个终极的理论，那一定是那个坐在讲台上，看起来像个流浪儿童一样的人物：霍金。

霍金在演讲中信心十足，使在场的人们都对科学界能完成这一伟大理论兴奋不已。

从 1980 年开始，发生变化的不仅仅是霍金本人，他们一家的生活方式也发生了较大的变化。

他们不再请研究生帮助操持家务，而是采取了社区帮助和私人护理的形式。每天早上和晚上的一段时间里，由珍妮照看霍金，其他时间段里，由私人护士到家里来帮忙料理一些事务。

他们的经济条件也得到了很大改善，霍金在剑桥大学卢卡斯数学教授席位上得到的薪水比以前的薪水要高一些。此外，各种各样的奖金也起了很大的作用，他们的经济不再像以前那般拮据。

另外，工作条件也大大改善了。他在剑桥大学有了自己独立的办公室，他的科研经费以及外出参加学术会议与演讲的经费较过去也有所增加，他的工作得到校方更多的关注和支持。这些都为霍金进一步开展研究提供了极为有利的条件。

霍金在学术界和国际知识界获得了很好的声誉，他的威望和名气都达到连他自己也不敢想象的地步。

许多国际知名学者来到剑桥大学的应用数学和理论物理系或西路 5 号霍金的住处拜访霍金，甚至还有一些大学的上层领导人物慕名而来。霍金在人们心目中的威望与日俱增，他得到了同事们和他的研究生的尊敬和爱戴，被人们称为"爱因斯坦第二"。

第九章
轮椅上的斗士
——乐观比智慧更闪亮

随着名声的增长，霍金和妻子珍妮经常被邀去参加一些聚会。在聚会时，霍金的明显残障有时会让那些不认识他的人不知所措。

有些人不知道这个困在轮椅中的憔悴身躯就是世界上最伟大的科学家之一，当他们得知实情时，总是惊慌失措且对霍金充满同情。面对这个无法治愈的可怜残疾人——想要说话，却只能发出没人听得懂的声音，因为颈部肌肉萎缩，头就垂在胸前，下巴抵着胸部而且还需要人喂食……看到这些，每个人都很惊讶。

01

为残疾人“出头”

伟大的诗人歌德说过：“最幸福的人就是能感到他人的功绩，视他人乐如自己之乐的人。”是的，霍金就是这样的一个人，由己及人，他怀着强烈的愿望向社会呼吁：关注残疾人的权益。

霍金由于自身的状况，对残疾人的无奈与痛苦感同身受。因此，他一直在做一件伟大的事情，那就是为残疾人“出头”，利用一切机会为维护残疾人士的权益进行斗争。他具有一种悲天悯人的情怀，尽管工作繁忙，仍不时抽出精力为残疾人的权益奔走。

霍金不仅是一位伟大的科学家，而且是一名非常关心社会的社会活动家，他一直在以自己的实际行动回报社会给予他的荣誉。

我们能了解，他对残疾人的关注，都源于他自己的亲身体会，对于身患残疾的不便和限制他也有着最切肤的感受，所以他为残疾人所做的一切才显得更加真切和自然。

身为残疾人，霍金在社会中不可避免地会经历一些尴尬的事情，比如跨不上台阶而无法到达目的地等，这种由于社会基础设施的不完善而产生的无奈、窘迫的记忆激起了霍金的强烈欲望：为提高残疾人的权益而不懈奋斗。

他首先给剑桥市议会写了一封强有力的信，要求公共建筑必须修建斜坡，并应降低闹市区的路缘。

这件事源于一次投票经历。霍金有一次去投票，他费了很大周折才进入投票大楼，正是因为没法像健全人那样方便地跨过台阶。由此，他认为类似建筑都应该修建得更方便残疾人使用，这样也能方便全体市民。

当地媒体着重对此事进行了报道，最终则获得了霍金所要求的改进。

还有一件事需要提及。

霍金为了方便进入应用数学和理论物理系，与校方展开一场持久战，争论的主题是谁应支付加装坡道的费用。

霍金建议加装坡道，以方便轮椅的进出，但是，校方因为建上下坡道的费用归谁支付的问题，一直犹豫不决，始终不去处理。他们一会儿说经费不足，一会儿又说不可能在法律允许的范围内改造古建筑，等等，拿各种理由来搪塞。但霍金坚持认为残疾人有权让社会改善残疾人的处境，社会也应该重视残疾人应得到的权利。经过一段时间的争执，霍金胜利了，成功地说服校方把白银街临近的街沿修低，好让自己从家到系里的路更容易走些。此后，霍金更加积极地投身到为残疾人争取更多权益的斗争中。

他在美国召开的一次科学会议上演讲时竭尽全力地呼吁：

帮助残疾儿童与同龄的其他儿童打成一片，是一件非常重要的事，这决定了他们的自我形象。假如一个人从很小的时候就被隔离，那他怎么能感到自己是人类的一分子呢？这也算是一种种族隔离。轮椅与电脑的帮助，对于克服身体的缺陷是很重要的，但正确的态度更为重要。抱怨大众对残疾人的态度是没有用的，残疾人士想要改变他人的观念，应该采用黑人与妇女改变社会认知的办法。

在英国的布里斯托尔大学，霍金帮助残疾学生建造了一幢学生宿舍，当宿舍完工以后，人们把这幢楼称为“霍金楼”。

……

每当霍金向不同部门的负责人倡导重视残疾人的权益时，他就亮出无法反驳的理由：残疾人为什么不能像他的同胞那样去看电影，去服装店为自己选一件合适的衣服？难道他们在忍受残酷的命运造成的限制之外，还必须忍受社会强加在他们生活中的种种束缚吗？目光短浅的官僚们为什么还要使残疾人的生活更加艰难？

这些问题既尖锐又合情合理，无法辩驳。随着霍金的名声不断提高，各级政府官员也开始重视霍金提出的意见，并设法付诸实施：在各建筑物前设置了坡道，影院及剧院，甚至连英国国家歌剧院都修建了可以让轮椅进出的通道。

1979 年年底，由于霍金在倡导和争取残疾人权益上所取得的成就，皇家残疾和康复联合会授予他“年度风云人物”。他为残疾人士的权益抗争所付出的努力，当地的媒体做了特别的报道，他成了为残疾人士出头的勇者。

为残疾人权益所进行的斗争取得成绩以后，霍金的眼界变得更加开阔，他不仅把视线放在残疾人身上，而且转到了更广泛的社会问题上。例如，他领导了一场运动，要求取消女学生不能进冈维尔与凯斯学院上学的禁令，这场运动持续了近 10 年的时间；他开玩笑说自己是个“右翼社会主义者”，但是从马岛战争到裁减核武器等问题的态度上看，他似乎是一个自由主义者；他对穷人的困境与环保问题等也发表了自己独特的看法，等等。

02

爱开玩笑的大学教授

白银街是剑桥中心国王广场边的一条弯窄小巷。

那里的应用数学和理论物理系的标牌很不引人注目，不仔细寻找几乎没有人能看到。前来访问的人如果没有引路人，往往难以进入。

当他们幸运地找到入口时，一条长长的拱廊会把他们带进一个大院子里。院子的地面是用鹅卵石铺成的，看上去很别致。院子四周零散地停放着一些汽车、自行车。院子的另一端是一扇装有玻璃窗的红色大门。旁边的墙上挂着一块闪闪发亮的精致铜牌，这算是“应用数学和理论物理系”最为清晰的标志了。

进了大门，沿着塑料地板往前走，可以看到一个大而零乱的交谊厅。那里面的桌子和沙发不规则地摆放着，室内的墙壁被漆成灰色，整个色调有些沉闷和乏味，却显得学术气氛浓厚。在交谊厅里，有几扇门分别通向各个办公室。

非常有趣的是，在霍金与他以前的学生吉朋斯用过的办公室门上被人调侃地贴了一张纸条，上面写着“不见黑洞久矣”几个字，十分引人注目。在霍金新办公室的门上也贴着一张纸条，上面写着：“请安静，老板正在睡觉。”

由此我们也可以看出霍金性格中的另一面，那就是幽默与风趣。他是一个善于自我解嘲的人，而这对于一个身体上有严重残疾的人，实在是难能可贵。

霍金自从搬进这个办公室之后，没有改变过任何地方。

办公室总是一副模样，狭小且显得拥挤。

由于霍金身体的原因，他的办公室里总有一些特别的东西。除了办公室一般都具有的写字台与书架之外，写字台上还放着一个特别的装置，此套装置是一个电话系统，由一个麦克风和一个扬声器组成，霍金在接听电话时只需按一下电钮，便可以与对方通话。

另一套装置也很有意思，是一个书页自动翻阅器。它与电话紧挨着，上面可以放一本书，只要一按电钮，它就可以自动翻页，这着实方便了霍金对于图书的渴求。支撑书本的架子还可以调节高低，这可以由霍金的助手来调节。

只要他的助手把书放在这套装置上面，霍金就可以随意地寻找到任何要找的一页。但是，当霍金需要查阅杂志或翻阅论文时，这套装置就起不了作用了。在这种情况下，霍金的助手需要把文章全部复印出来，然后摊在桌子上，方便霍金阅读。

写字台上，摆放着霍金喜欢的家庭照片，照片旁边放着一台电子计算机。这台计算机不同于一般的计算机，它没有通常所使用的键盘，却有两个可以控制显示器荧光屏光标的操纵杆。这台计算机给霍金提供了很大帮助，它既可以起到黑板的作用，又可以起到文字处理机的作用。很多学术著作都是在这个计算机里完成的，它是霍金不可或缺的一件办公用品。

也许让你想象剑桥大学应用数学和理论物理系的气氛时，你一定会认为是严肃、刻板、毫无生气的。而实际上恰恰相反，系里有一种宽松的气氛，并且这是它几十年来保持的一贯传统。系里的同事有时间就会聚在一起聊大，谈论的大都是本专业的学术问题，当然，偶尔也会开些礼貌的玩笑。总之在这里，大家不拘礼节，也没有等级差别，每个人都在一种平等与友爱的氛围中学习和生活。有时大家还与霍金开个玩笑，缓解一下紧张的气氛。对于这点，霍金从来不生气，相反很开心。

有一次，作家丹尼斯·奥弗比到系里采访霍金，正遇上一群学生围绕着霍金在桌子旁边坐着。这群年轻的学生们充满灵性和生气，奥弗比这样描述他们：“无论从年龄、衣着还是外表，他们都像巡回演唱的摇滚乐队。”他们与霍金毫无顾忌地开着玩笑，霍金一点儿也没有教授的样子，像是和朋友相处一样和学生们混着，天真而粗野地说着笑话。他们之间形成了一个不成文的规矩，如果谁在讨论中想出一个好主意，就把数学表达式写在桌面上。霍金回过头开玩笑地对奥弗比说：

“如果我们想要保留，只要影印桌子就可以了。”

霍金已经不再仅仅是一个教授知识的教师，他已经把自己扩充到一个相对论小组的组员，由 10 多个来自不同国家的助理所组成。此外，霍金还指导着几个博士生，也经常与他们在一起讨论学术问题。

除此，就是进行他最重要的事情——思考。

03 抓不住生命，就抓住时间

霍金的一天往往忙碌而充实，虽然他的身体有着诸多不便，可他每天 24 小时都排得满满的。

霍金的相对论小组在研究中已经有了一定的名气，在国际上也算是尖端的讨论小组，因此，每个星期都会有许多国外的专家、学者慕名而来，与他们分享具有最新成果的研究工作。同时，霍金还要为他们安排讨论会和讲座，所以，他几乎每个星期都要接待从国外来的物理学家，与他们一起研究和讨论物理学方面的事情，这也着实花掉了很多时间。

霍金每天的工作日程都安排得井井有条，一分钟都不会浪费。他有一个拼命工作的习惯，所有的时间都被他充分利用起来。

都说“早起的鸟儿有虫吃”，一天中最美好的早晨霍金自然不会浪费，每天早晨他都会很早起床，大约花两个小时做上班前的准备，吃早餐、准备各种材料，等等。霍金从住处到系里的路程大约要花 10 分钟的时间，这 10 分钟的时间霍金当然不会任其白白浪费掉，在路上，他会与一名博士生或者护送他的助理谈话，讨论一下当天的新闻或者需要解决的一些大事，等等。

到达办公室后，他要做的第一件事就是查阅各种信件，或者阅读同行所写的各种论文，然后就坐在电脑前开始上午的工作。

上午 11 点整，他会自己驱动轮椅到交谊厅休息一会儿，在助手的帮助下喝杯咖啡，趁着这个休息时间他也可以与学生与研究助理们谈话，讨论一些问题。

直到午饭时间他才回到办公室，开始打电话、接电话或者回信。

忙碌的上午就这样过去了。看看霍金的时间安排，我们只能赞叹地说：有条理、懂珍惜。他从不浪费自己的一分一秒，因为他更明白时间对于生命的意义。

下午 1 点钟，他准时到冈维尔与凯斯学院吃午餐。这时，通常由一个助手陪伴着他，但这对于他似乎不起任何作用，因为他总是把轮椅开全速挡，加足马力穿过国王学院的小教堂和理事厅，直奔皇家步行广场，他的助手只能小跑着紧跟在他的后面。

霍金热爱剑桥这座城市，这里的每一寸土地他都觉得亲切和熟悉，他在这里度过了一生大部分的时光。宏伟华美的建筑物，以及紧张的学习氛围，这些对他而言都极为重要且富有魅力。有一次，一位作家陪他走这段路，结果他给这位作家上了一堂历史课。他带着特有的嘲讽语气说："凯斯博士在 16 世纪重新开办冈维尔与凯斯学院时，建造了 3 扇大门。你从谦逊门进来，经过智慧门与德行门，再通过荣誉门离去，但谦逊门现在已被拆掉，人们不再需要它了。"

午餐后，霍金回到办公室继续工作和研究，直到喝下午茶的时间。下午 4 点钟，交谊厅又开始热闹起来，喧哗声此起彼伏，人们三五成群地一边喝着茶，一边热烈谈论着。霍金非常享受与大家在一起的这段时光，虽然他一般是坐在室内的一角，安静地聆听大家说话，但当他开始说话时，大家都会不自觉地静下来认真地听他讲。霍金的话不一定是长篇大论，多半比较简练、精辟，几句就能切中要害，启发大家一系列的思考，这有时候比大家上几堂课更有意义。

霍金的研究生们通常是在傍晚的时刻来与他见面，他们会围坐在霍金的书桌旁，或者集体停留在电脑屏幕前，把他们写满方程式的研究报告摊在写字台上等待霍金点评。霍金一边检查他们的研究成果，一边给他们提出一些简短的建议。然后，霍金的助手会帮助他把问题阐述得更准确、更具体一些，以方便双方的讨论与交流。

每一天，霍金都这样度过，与他的研究小组，与这些可爱的学生在一起。直到晚上 7 点，霍金一天的工作才结束。

这时候，他会自己驱着轮椅驶出大楼，沿着早晨的路线回家。至于晚餐，有时他会与系里的其他同事一起在学院吃，在这种场合下，他不得不穿上他的教授礼服。有时他请他的助手帮助照料孩子，自己则与妻子珍妮一起到剑桥的学院餐厅用餐。但大部分时间里，他都会回家与珍妮以及他们的孩子一起吃晚餐，享受家庭的温暖和幸福。

04

假如身体有残疾，绝不能让心理也残疾

随着名声的增长，霍金和妻子珍妮经常受邀去参加一些聚会。在聚餐时，霍金的明显残障有时会让那些不认识他的人不知所措。

很多人不知道这个困在轮椅中的憔悴身躯就是世界上最伟大的科学家之一，当他们得知实情时，总是惊慌失措且对霍金充满同情。面对这个无法治愈的可怜残疾人——想要说话，却只能发出没人听得懂的声音，因为颈部肌肉萎缩，头就垂在胸前，下巴抵着胸部而且还需要人喂食……看到这些，每个人都很惊讶。

霍金却从未因为自身的残疾而悲观丧气，他对一位采访者谈道："我想自己比患病前要快乐得多。在患病以前，我觉得生活非常无聊，我喝了不少酒，没有做出任何成绩，那是一种毫无目标的存在。当一个人的希望减少到零时，他就会真正重视自己所拥有的一切了。"

在另一个场合他也说道："假如你的身体有残疾，绝对不能再让自己的心理也残疾。"他是这么说的，也是这么做的。

1981 年 9 月下旬，教皇科学院在罗马举办了宇宙学及基本物理学研究周，珍妮同霍金一起参加了这个研究周。

教皇科学院是从 1948 年开始主持这些会议的，这是第三次以天文学作为论题的研究周。

教皇在对大会的致辞中，警告物理学家说，不要对宇宙如何与为何开始的问

题挖掘得太深。教皇还提醒他们，这个问题完全是神学家的问题，不能靠物理学与天文学等解决。虽然他并不认为现代宇宙学有何不对，甚至相信大爆炸理论也可能有部分的真实性，但是他说，在这里就应该划定界线，宇宙学家不应该试图超越这条界线。

霍金坐在轮椅上，冷静地听着教皇约翰·保罗二世讲话。后来，他发表了引起争论的“无边界”假设与它的宗教含义，听众的反应热烈。会议结束之后，来访的物理学家与他们的另一半应邀到教皇的夏季居所觐见教宗，霍金自然也包括在内。霍金在几天以前才发表了“无边界”假设以及可能不需要造物主的理论，现在他要与这位天主教的领袖面对面了。

在主接待室中，教皇先发表讲话，然后客人被逐一引见。

教皇坐在讲坛的一个高椅上，地位自然不言而喻。

每一个来访者从讲坛的一端进入，跪在教皇面前，轻声与教皇交谈几句话，再由讲坛另一端离去。轮到霍金的时候，霍金驱着轮椅上了讲坛直奔教皇，其他客人都目不转睛地注视着他。对于千百万信徒而言，教皇就是上帝派驻地球的使者，他的地位与荣耀绝对不能撼动。然而，接下来发生的事，使在场的人惊讶万分。当霍金的轮椅在教皇面前停下时，教皇竟然离开座位，并且跪下来面对霍金。他们的谈话比其他客人谈得都要久，每个人都非常想知道两个人在谈论什么。最后教皇站了起来，掸掸身上的法衣，并给霍金一个临别的微笑，霍金便驱着轮椅驶向讲坛的另一端离开。

那天下午在大厅里有许多天主教徒感到惊讶并且心情不愉快，他们认为教皇的举动可能会引起误解，但事情还是发生了，霍金果真一直是个受到特别待遇的人。他从不因为自己是残疾人就对自己悲观失望，他更认可自己的地位，尊重自我。

有一次，一位记者问霍金，是否因自己的残疾而感到消沉沮丧。“通常我都不会”，他觉得患了这种病最大的遗憾是“不能站起来跟孩子们玩耍”，其他并没有影响，相反他感激上天让他明白了生命的意义。

他曾说：“虽然身体残疾，但我仍努力去做想做的事，这样我就会有成就感。”霍金就是靠这样的残疾身体进行着一系列的工作与研究，而且他果真获得了不一样的成就。

宇宙学研究大会结束，从梵蒂冈回国后，霍金又回归到了往常一样的研究和工作中。这时，他的第三本书将要通过剑桥大学出版社出版了，书的名字是《超空间和超引力》。

20 世纪 80 年代，霍金获得的嘉奖和荣誉接连不断，仅 1982 年一年，霍金就被 4 所大学授予荣誉博士学位。

随着霍金得到的荣誉越来越多，新闻媒体对他也越来越感兴趣。1983 年，英国广播公司的《地平线》节目介绍了霍金在宇宙物理学方面的研究和他在剑桥大学应用数学和理论物理系的生活与工作。这让英国大众对霍金有了更深的了解，当人们在荧屏上看到霍金驾着他那电动轮椅在剑桥的各个地方高速行驶着，且以一种独特的方式与他的研究生们讨论问题时，大家觉得霍金更是一个富有魅力的人。公众都为他疯狂，这个节目的收视率也高居榜首。

紧接着，报纸、杂志等其他媒体也开始争相报道霍金，伦敦的《泰晤士报》和《电讯报》,《纽约时报》《新闻周刊》和《名利场》等报刊对他进行了深入的采访。一时，“霍金”与“黑洞”在媒体上变成了同义词，抢眼的同义词。

霍金坦然对待这一切，他是一个敢于直面社会的人，他从来没有因为自己的身体残疾而羞于抛头露面。对于自己越来越被社会公众所接受、所认同，他感到十分高兴。他很乐意接受记者的采访，也很愿意在一些公共场合露面。

他这样淡定的态度自然是一件大好事，同样，这也是他备受社会公众欢迎的原因。

05 名气不能用来付账单

虽然名气越来越大，但名气并不能用来付账单。20 世纪 80 年代早期，霍金一家感到了经济上的压力，而且这种压力越来越沉重。

这乍一听似乎不符合逻辑，然而仔细分析就会发现这的确是现实。

尽管霍金拿着教授的薪水，有时还会得到一些奖金，但那时教授的工资远不如工业界或商界高，奖金的数目也不高，且这种收入很不稳定，所以霍金一家仍然顶着巨大的经济压力，这着实累坏了妻子珍妮。她一边操持家务，一边继续她的职业，因为她发现他们只能支付得起少量的私人护理服务。随着霍金病情的变化，以及孩子的长大，家务事变得越来越多，所有的事情靠珍妮一个人来承担已经不现实，他们需要更多这样的服务，但这种私人护理服务费比较昂贵，霍金夫妇有时迫于经济压力只得放弃一些。

另外，孩子们的教育费用也是一笔重大支出。他们的长子罗伯特从 7 岁开始就在私立学校上学，毫无疑问，这种学校的学费是比较贵的。罗伯特的学习非常好，预计在几年内就会上大学，于是霍金夫妇不仅要为他支付现在的学费，准备大学的费用也被提上了日程。

他们的女儿露西在公立学校上初中，即将毕业，而霍金夫妇也希望她将来能同她哥哥一样进私立学校——帕斯学校去学习。他们最小的孩子蒂莫西也在一天天长大，在他身上的开支也渐渐多了起来。

总之，日常的开支、几个孩子的教育费用让霍金夫妇很是头疼，这些恼人的经济问题总是挥之不去。

于是，他们不得不精打细算。

一方面面对的是鲜花、荣誉和各种掌声，另一方面却面临着经济危机。这听起来似乎很可笑，却真实地发生在这个著名的物理学家身上。

霍金已经很感谢上苍，因为他的病情已经稳定了好几年，但他的病很难预测，如果未来的某一天他的病情恶化，霍金停止工作，那么相继而来的问题将是更令人头疼的事情，甚至难以想象。

那时候，霍金的各种奖金自然没有了，仅仅靠校方发给的退休金来维持生活肯定不够，如何继续未来的生活，霍金与妻子一直都在琢磨这件事。

此外，霍金的心头更有一种巨大的恐惧：假如妻子珍妮不能再看护自己，那么他要怎么办？进疗养院吗？他们的家庭会变成什么样子呢？孩子们怎么办？一连串的问题，就是一连串的恐惧。

虽然他们都害怕且避讳谈论这个问题，但问题一直都存在。还好霍金有一股不服输、不怕挫折的精神，他没有被这些潜伏着的危机困扰，依然像以前那样做着宇宙学研究，指导他的研究生，会见来访的客人，以积极的态度面对人生、对待工作。也许是因为他已经习惯了这种状态，毕竟他从 20 多岁就患上了这种随时有可能夺去他生命的疾病，这么多年的风风雨雨，早已历练了他勇敢和坚强的品性。霍金知道自己该做什么，怎么做，他的心里有一种想法在升腾，只不过他没有跟任何人提起过，只是在自己心中慢慢计划着。

他意识到必须把这个想法付诸行动，若干年后，这个秘密才会开花结果，一举解决家庭的财务困难。

而当计划成功时，他将改变一切。

第十章
霍金效应
——登上思维世界的巅峰

毫无疑问，霍金的《时间简史》是一部伟大著作。可以说，这是霍金本人和出版社的编辑共同创造的奇迹。其热销的趋势显然大大超过当时与霍金签约的出版商的大胆预测。

这部科学巨著之所以有这般吸引力，最重要的原因还是它能够传递给读者一个他们从未了解过的宇宙世界。

01

《时间简史》如此值钱？

或许，世界上很多人都是从一本科普读物——《时间简史》知道霍金的，这的确是一本经典之作，它是科学界著作中的一颗闪亮之星，让人忍不住想去了解。在介绍《时间简史》之前，有必要说一个有意思的概念：婴儿宇宙。

霍金在探索宇宙科学的过程中，一直都在进行着自我超越。在继续研究黑洞问题，并且取得新的成就后，他又凭借缜密的思维和强大的想象力发现了婴儿宇宙。

听到这个名字，很多人会感到很新奇。宇宙与婴儿有怎样的关联呢？

其实，所谓婴儿宇宙是指一个小的自足的宇宙从宇宙中我们的区域分岔出来，并可以重新连接到我们的区域。假如真的能够发生这种现象，那么，落进一个黑洞的粒子会作为另一个黑洞发射的粒子而重新出现。从霍金的研究来看，婴儿宇宙是宇宙演化中可能出现的一种现象。

霍金的“宇宙无边界”模型告诉我们，宇宙无论是在空间上还是时间上都是没有边界的。依据这个结论往纵深处想，宇宙的封闭表面就如同地球的封闭表面一样，既然地球以外有其他的星球，那么，宇宙之外也可能会有其他的宇宙。也就是说，宇宙不是只有一个，而是有很多个。这是一项卓越的发现，是霍金在宇宙问题上新的突破。

然而，这些科学研究都是建立在一定的物质条件上的。此时的霍金正面临着生活上的窘迫，不过也正是在这样一种条件下，这部伟大的畅销书——《时间简史》诞生了。

在经济窘迫的境况中，霍金决定写一本大众都能读得懂、专业性不太强的关于宇宙学研究的书，借此向普通大众介绍宇宙学研究的一些问题，最重要的是以稿酬维持正常的生活开销。

或许，冥冥之中有贵人相助。这时，剑桥大学出版社的西蒙·米顿正想找一位在国际上声望很高的人来完成一本关于宇宙学研究的科普读物。他很快就将目标锁定在了霍金身上。因为，霍金是宇宙学研究方面的专家，并且有一定的知名度。米顿断定，如果这本书由霍金来写，一定会受到读者欢迎，引起很大的反响，同时会给出版社带来很好的收益。

霍金与米勒会面后说明了各自的想法，最后达成了共识。不过，两人并没有谈及稿酬的问题。

之后，霍金开始撰写初稿，每当他写完一部分内容，就交给米勒看，米勒也会及时给霍金提出许多修改意见。例如，起初霍金的稿子写得太专业，米勒建议他把稿子改得通俗一些，霍金按照米勒的要求去做了。

不过，第一次的修改并没有让米勒满意。米勒看了初稿的修改后，严肃地对霍金说："书中的每一个方程都会使你的书的销量大打折扣。"霍金明白米勒的意思，他尽力让整本书通俗一些，但是不用数学方程式表达自己的思想，这让霍金很不适应。即便这样，霍金还是听从了米勒的建议，他相信在图书出版这个问题上，米勒是相当有经验的，因为米勒策划的很多书都成了畅销书。

在一次交谈中，米勒与霍金谈起了这本书的稿酬问题。

米勒表示，想先付给霍金一笔预付款，不过这并没有让霍金感到十分高兴，因为米勒提出的预付款数额与霍金预想的有很大差距。米勒读懂了霍金的心思，于是多加了一些数额。不过，霍金依旧觉得稿酬少得可怜。那一天，他们聊到很晚，直到最后也没能达成共识。

霍金本不是一个在乎金钱的人，但当时的他急需这笔钱，因为只有拿到更多的稿酬，才能保障自己以及家人的生活。

霍金有些失望，但不久后，事情有了转机。1983 年 1 月，《纽约时报》专刊上发表了一篇题为《宇宙和霍金博士》的文章以及霍金在轮椅上的照片。这篇文章发表之后，得到很多人的关注。有一位名叫彼得·戈扎迪的年轻编辑对这篇报道产生了浓厚的兴趣，霍金的事迹使他深受震动。身为美国矮脚鸡图书公司高级编辑的彼得·戈扎迪认定霍金如果能写一本通俗读物，一定会成为畅销书。

抱着这种想法，彼得·戈扎迪立即找来出版中介人艾尔·朱克曼，向他表明了自己的想法，并请他与霍金联系。而此时，霍金正打算与剑桥大学出版社签订合同。

朱克曼找到霍金说明来意后，便劝说他："虽然剑桥大学在出版科普读物方面有不错的成绩，但它毕竟是一家学术出版社，请它来出版这样一本科普读物并不是十分合适。而矮脚鸡图书公司恰巧是以出版通俗图书见长，如果与之合作，一定会让读物有很好的销路！"

霍金听了朱克曼的这番分析后，心中也产生了顾虑。于是，他草拟了一份写作计划，并将已经成型的一部分样稿交给朱克曼，拜托他送到各家出版社。

就这样，通过中介人的介绍，很多出版社都对霍金的这本通俗读物产生了兴趣，并且开始竞拍。

一下子，这本书的拍卖阵势变得异常猛烈！报价单如潮水一样涌进朱克曼的办公室，到最后，诺顿出版社和矮脚鸡图书公司的竞争到了白热化的程度，以至于这本书的预付款竟然达到了25万美元！

矮脚鸡图书公司迫切地想拿下这本书，因为戈扎迪看到了这本书中蕴含的无与伦比的价值。最终，矮脚鸡图书公司争取到了这本书的出版发行权。

接着，戈扎迪将自己的想法与思路告诉霍金，霍金表示很感谢，最后双方愉快地签订了合同。

《时间简史》这本书的出版发行给霍金带来了好运，切实地缓解了家庭的经济危机。也因为这次机会，这个困窘科学家的著作与世界著名的出版商联系到了一起。霍金踏踏实实一步步走出来的路，通向的正是光辉的殿堂。

02

失掉了声音，失不掉“语言”

1985 年 8 月 7 日，随着一通电话里传来的惊呼声，霍金与珍妮平静的生活被打破了。

当时，珍妮正在拜罗伊特旅游，而霍金则在中国登上长城后，由护送人员陪同去了日内瓦工作。本来，珍妮在这天想打电话安排一下第二天两人会合的事情，没想到，刚一拨通电话，却接到了一个噩耗。

霍金的新秘书劳娜在电话那头大喊道：“天啊，珍妮，终于等到你的电话了！你必须马上赶到日内瓦来，霍金现在正躺在医院里，处于昏迷状态，我们不知道他还能活多久。”

珍妮听到这个坏消息后心中又惊又怕，她以最快的速度赶到日内瓦。当看到躺在病床上的丈夫后，珍妮控制不住自己，掉下了眼泪，随后陷入深深的自责中，她后悔没有一直陪在霍金旁边，毕竟自己是最了解他生活起居的人。

之后，霍金的病情虽然得到了控制，但他依然需要生命维持器的帮助。医生告诉珍妮霍金的身体状况，并且建议霍金尽快做气管切开手术。

医生这样建议，也是迫不得已的。因为当时霍金已经不能用嘴或鼻呼吸了，他只能靠呼吸机维持生命。如果不切开气管，霍金以后是无法呼吸的；如果切开气管，就意味着霍金将永远失去说话的能力。

那段时间，珍妮每天都深陷在强烈的矛盾之中。她曾说：“前途是那样的暗淡，看不到任何希望，我简直不知道怎么办才好。如果要使霍金生存下去，我就要为他做决定，施行气管切开术。但我的心情很沉重，我究竟做了什么样的决定？我使霍金陷入一种什么样的处境？”

这对珍妮以及霍金的家人、朋友来说都是万分残酷的。以前他们还能够通过霍金微弱的语言领会他的意思，而一旦失掉声音，那么与他交流就更加困难了。

8 月 20 日，霍金的病情有了一些好转，他开始不必借助呼吸罩进行呼吸，身体也有了一些力气。本来大家以为霍金幸运地挺过了这一关，可以避免气管切开的手术了。没想到，过了几天，霍金的肺部出现了细菌感染，他又开始依赖呼吸机了。病情出现恶化的霍金，已经没有其他办法，他只能听从医生的建议，接受气管切开手术。

到了 9 月，霍金的身体状况比较稳定时，医生为他做了气管切开的手术。手术后不久，霍金的身体便康复了。只是，经过这场劫难，他丧失了语言功能，不能说话了。

即便霍金在这次病痛中受到很大的折磨，但他依旧保持着乐观的心态，家人和朋友也给予他很大的鼓励。此时的他，不得不依靠计算机专家给他设计制造的特殊软件和语音合成器来与他人“谈话”。

机器发出的声音自然与他自己的声音是不一样的。这套设备是美国人研制的，所以他“讲”的话，都带有美国口音。但令人欣慰的是，霍金终于又可以和他的学生、同行和家人交流思想了。

起初，霍金在用这台电子设备的时候，很不适应，他在心里很排斥，不过，渐渐地，他似乎对这个代替自己声音的设备产生了依赖。经过一段时间的使用，霍金每分钟可以输入 10 个字，他满意地“说”：“有点慢，但我思考的速度也不快，所以它很适合我。”

霍金渐渐地喜欢上了它，还会像孩子一样用语音合成器跟别人开玩笑。

在一次家庭聚会上，霍金为了让大家高兴，用语音合成器讲了几句美国口音的法语，以表示对来宾的真心感谢，赢得了朋友们的热烈掌声。虽然霍金失去了声音，但他生活中的欢乐并没有减少，反而增添了很多意想不到的快乐插曲。

霍金失去声音，并没有妨碍他进行学术交流。学术报告会上，他经常和人们开玩笑，活跃现场的气氛。霍金每次做学术报告，听众都可以自由提问。不过，在霍金回答问题时，总是需要在语音合成器的操作上花费一些时间，最少也要十几分钟，霍金怕大家等得不耐烦了，就会告诉大家：“在我准备答案的这段时间里，请你们看看报纸，相互交谈，放松一下。”

对霍金来说，失掉声音不是最可怕的，最可怕的是失去思维，只要他还能思考，还能对宇宙的探究做出贡献，他就不会沮丧，能够一次一次地从鬼门关闯过来，这与他乐观健康的心态是有很大关系的。

上天是不公平的，但也是公平的，它总是在让人失去一些东西后，又送另一些东西给不幸者。失去声音的霍金依旧坚强，因为无论他在怎样的境遇中，都在用他自己的“语言”诠释着勇敢与乐观。

03

突如其来的“霍金热”

1988 年初春，惊世之作《时间简史》终于与读者见面了。

虽然斯蒂芬·霍金遭遇了一次大病的侵袭，但当时的他并没有终止写作。就这样，在经历了长达 5 年的写作和修改后，《时间简史》终于完稿了。

这本书一问世就引起了强烈的反响，受到社会各界的欢迎与赞许。霍金也与这本书一样，火了起来，他的名字也因此变得更加响亮。

在《时间简史》与读者见面的那天，霍金受到了不一般的礼遇。

先是美国洛克菲勒大学为此举行了一次大型发布会。随后，出版社在晚间为答谢霍金，又举行了大型的宴会。在宴会上，霍金表现得十分兴奋，他似乎是因为著作完成了，身心一下子轻松起来。

《时间简史》让霍金名气大涨，在那段时间里，他几乎每天都在各种庆贺活动中度过。不过，美国矮脚鸡图书公司在发行《时间简史》时，并没有过分张扬，他们既没有在发行前搞橱窗展览，也没有把霍金的大幅画像挂出来。即便这样，这本书还是产生了空前的影响，它受欢迎的程度是无与伦比的。不管什么年龄段、什么种族的人，都纷纷购买这本伟大的著作。

然而，就在这个时候，一个让人意想不到的坏消息传来。

当矮脚鸡图书公司的一名编辑从头到尾审查这本书时，竟然发现书中有两幅图印错了位置。这名编辑立即将此事反映给公司上层。知道这个错误后，矮脚鸡图书公司万分惊慌，他们努力寻找对策，企图挽救这一灾难性的失误。

经过一番商量与研讨，他们认为最有效的办法就是收回已经到达书店的4万册图书。矮脚鸡图书公司的销售人员立刻给各大书店打电话，请求把已经运出去的图书都调回来。没想到，书店早已开始销售这本书，再收回来已经不可能了。

眼看错误已经酿成，美国矮脚鸡图书公司的管理层意识到最明智的做法就是抓住这次机遇，从这本书的发行中获得高额利润。于是，他们一刻也不停歇地对这本书改版重印，以最快的速度将重印的书交给零售商。

就在这个时候，美国新闻界举办的一些活动帮助了他们。先是《时代》杂志发表的一篇介绍霍金的长文章在美国读者中引起了很大的反响，随后，美国其他报纸和杂志也都开始介绍霍金或刊登书评。

在这些新闻媒体的大力推广下，刚出版几周的《时间简史》立即进入畅销书的行列，随后又登上畅销书的榜首。这是件相当神奇的事情！这本书的命运与霍金的命运一样，充满了坎坷与不可思议。

此后，美国纽约市许多书店的橱窗内都陈列了《时间简史》一书，霍金的大幅画像也被挂在书店里。并且，《时间简史》的销量一下子有了更大的突破。在此书登上畅销书排行榜的4个月中，美国各大书店售出近50万册，就连美国的各大飞机场都在销售《时间简史》这本书。

《时间简史》的热销让霍金的名字在美国家喻户晓。在芝加哥，很多人都成为霍金的粉丝，这些霍金迷们还成立了一个俱乐部，他们疯狂到在街头巷尾销售“霍金衫”。不仅如此，从洛杉矶到匹兹堡，许多中小学生和大学生也都十分崇拜霍金，在他们心中，霍金就像一个超级明星一样散发着无限的智慧与魅力。

这种影响力还传播到了其他国家。1988年6月，英国也开始发行《时间简史》。此书在英国图书市场上刚一露面就被抢购一空，很多读者近乎疯狂地去购买这本书。有一位读者由于跑遍伦敦所有大书店之后也没有买到，最后竟然跑到外地买了一本。

由于《时间简史》广受读者的喜爱和追捧，英国各地的销售商对这本书十分重视。

一直到1991年年初，《时间简史》一书在英国已经重印了21次，并且每次的销售速度都非常快。这本书的精装本每月平均能够售出5000册，这个速度比重印的速度还快，也让更多人知道了这本书的重要价值。这种现象让一个书店采购员十分感慨：“这本书的销售速度如此之快，完全出乎我们的预料。这种销售场面是历史上少有的，人们的反应简直到了狂热的程度。”

在当时，能够在英国图书市场站稳脚跟的著作并不是很多，但《时间简史》带来了一个突破，同时也掀起了一阵“霍金热”，这让英国的很多杂志和报纸纷纷刊登文章，极力赞扬这本书以及霍金的伟大之处。与此同时，霍金收到越来越多的采访邀请，最后不得不有选择地接受采访。

《时间简史》的成功让霍金有了广为人知的机会。霍金本人与他的书一样受到人们极大的欢迎，每当行走在街道上的时候，路人总是投来敬仰的目光，难能可贵的是，霍金对此丝毫没有反感，也没有一丝傲气，他非常乐意接受人们的致意。

《时间简史》成为科学界一本标志性的著作，它让深奥的科学走进平民百姓心中，霍金也因此受到世界各地人们的敬仰。这种突如其来的“霍金热”从某种意义上看并不是偶然，而是霍金经过长年累月的积淀后，释放出来的最奇妙的思想灵光，这种灵光让人类铭记，让世界难忘。

04

巨著是这样炼成的

一部巨著问世，一定经历了千万遍的锤炼与揣摩。《时间简史》这部广受欢迎的伟大巨著，又是怎样炼成的呢？

毫无疑问，霍金的《时间简史》是科学作品中的一部伟大著作。这是霍金本人和出版社的编辑共同创造的奇迹。其热销的趋势显然大大超过当时与霍金签约的出版商的大胆预测。

这部科学巨著之所以有这般吸引力，最重要的原因还是它能够传递给读者一个他们从未了解过的宇宙世界。而这其中的神奇之处，在《时间简史》的行文构建与具体章节中很好地体现出来。

《时间简史》一书最前面的部分是致谢书和导言，中间有十一章内容，书的最后则是附录。

在致谢书中，霍金首先表明他写作该书的动机和过程，接着，他用真挚的语言向所有在他写作过程中对他提供过帮助的人表示感谢；导言部分，美国康奈尔大学的卡尔·萨根概括地介绍了这本书所要探讨的内容，以及该书的特点和性质。

有了致谢书与导言这两个部分做铺垫，接下来的十一章具体内容表达得十分顺畅，而这些内容也是这部巨著被称为伟大的理由。

《时间简史》的第一章是写“我们宇宙的图像”。在这一章中，霍金为读者描绘了宇宙的总体图景。在这一章的开始部分，霍金提出了一连串让人匪夷所思的问题，诸如我们对宇宙了解了多少，宇宙从何而来，又将向何处去，宇宙是否有开端等，这些问题开启了读者的思路。这不仅仅是科学家们所关心的问题，也是每个关心宇宙的人想要了解的问题。

在第一章中，霍金为读者介绍了人类对宇宙的认识史，同时，还一一列举了哥白尼、开普勒、牛顿等人对于地球、太阳和整个宇宙的基本观点。在此基础上，他还对广义相对论和量子力学所描述的宇宙做了评述。他非常有创造性地想要把20世纪物理学的两个最伟大的理论结合起来，进而阐述宇宙的总体图景。

《时间简史》的第二章讲“空间和时间”。霍金主要探讨了人类认识史上关于时间和空间观念的变化。他分别从亚里士多德、伽利略、牛顿、麦克斯韦、爱因斯坦对于时间和空间观念的看法上做了分析，并且得出结论：牛顿运动定律使绝对空间的观念告终，而相对论则摆脱了绝对时间，并且从爱因斯坦的广义相对论中断定，宇宙必须有个开端，而且也可能有个终结。

在《时间简史》的第三章中，霍金讲到了“膨胀的宇宙”。霍金阐述了天文学上的新发现以及这个发现的重要意义。他认为，宇宙间的恒星并不是固定不动的，它们之间的位置关系在不断地变化着。这种观点比较吸引读者，让读者从一种很新奇的视角来看待这个神秘的宇宙。

《时间简史》的第四章讲的是“不确定性原理”。在这一章中，霍金先是介绍了量子力学这个重要原理，也就是不确定性原理的内容，接着又论述了这个原理的重要意义。

紧接着，在《时间简史》的第五章中，问题又转到“基本粒子和自然的力”这个问题上。针对这个问题，霍金主要介绍了人类对自然力的认识以及对于基本粒子的探索和发现。在霍金的探索中，他认为，物质粒子可以发出一种携带力的粒子，这种粒子不服从泡利不相容原理。也就是说，它们能被交换的数目是不受限制的，这样就可以产生很强的力。随后，霍金描述了自然界的四种力，并进一步提出，完整的统一理论可以将自然界中四种力完全统一起来，这意味着向完整地解释自然界迈进了一大步。

在《时间简史》的第六章，霍金讲到了备受关注的黑洞问题。在这个问题上，霍金先是较为详细地介绍了人们对黑洞的认识，随后叙述了黑洞的形成过程以及自己在研究黑洞过程中的新发观。

《时间简史》的第七章，也是最有悬念的一章，霍金提出了关于黑洞的一个新观点：黑洞不是这么黑的。经过一系列的探索与实验，霍金最后得出结论，黑洞不是像有的人想象的那样是绝对黑的，而是像一个热体一样会发光，并且黑洞越小发出的光就越强。

在第八章中，霍金讲到了“宇宙的起源和命运”。这一章旨在介绍人类关于宇宙的起源和终结的认识以及他对这个问题的见解。

《时间简史》的第九章也是很有意思的一章，在这一章中，霍金引入了一个新奇的概念：时间箭头。霍金概述了人类在20世纪关于时间特性的认识过程。

在霍金写到第十章时，思考变得更加有体系性。这一章讲“物理学的统一”，主要介绍了人们对完整的统一理论的认识过程，并且揭示了这个理论的重要意义。

这部巨著的第十一章，简明扼要地概括了这本书所论述的主要问题，实现了一个内容的回归，霍金因此起名为“结论”。

全书内容是由一些深奥的科学知识填充起来的，不过，当初霍金在米勒的建议下，尽力将全书写得通俗易懂，因此，不管是哪种类型的读者，都很喜欢也能够钻研书中的奥秘。

在《时间简史》这本书中，除了致谢书、导言和这十一章的内容外，还有一部分是附录。在附录中，霍金介绍了爱因斯坦、伽利略和牛顿的传略，还加入一些书中出现的名词的解释。附录这部分内容，很大程度上帮助了读者理解霍金的理论和观点。

总体来说，《时间简史》一书简明扼要地论述了人类对宇宙认识和探索的历史，霍金将现代物理学的两大理论——量子理论和广义相对论结合起来，提出了关于时间、空间、大爆炸和黑洞的具有创新性的认识，这无疑是在探索完整的统一理论道路上迈出了坚实的一步。

《时间简史》无论在内部构架还是具体内容上，都非常具有感召力，同时，它的学术性不是特别强，适合当时社会各个阶层的人群来阅读。写作中的霍金虽然被病魔折磨着，却坚持完成了这部巨著，他不仅战胜了自己，也使科学界诞生了一部惊世之作。

第十一章
寻找“圣杯”
——永不褪色的生命激情

1980年，霍金在剑桥大学卢卡斯数学教授的就职演说中也提到过关于理论物理学的终结问题。然而10年之后，理论物理学的终结并不见得比那时更近，但他依旧乐观地宣扬这个观点。不过，即使理论物理学真的达到霍金所热切预言的“终结”，物理学家仍有大量的工作可做。

01

经典著作化身电影

《时间简史》出版后，引起了空前的反响，全球销售量已经达到数百万册，版税开始潮涌而来。没过多长时间，这本书的改编权就被美国一位名叫戈登·弗里德曼的人买了下来。弗里德曼的经纪人苏克曼又是霍金的经纪人，于是，弗里德曼和苏克曼很快达成协议并在英国的盎格鲁电视台签订合同。

如何拍这部影片，以怎样的角度和方式来表现霍金是个难题。弗里德曼不想按照以往的方式，把影片拍成霍金的生活与工作纪录片，他觉得这类影片太多了，再拍的话没有市场。于是，他从一种新颖的角度构思，打算在拍成的电影中，既表现霍金的日常生活，又从人性的角度深入探讨霍金在天文物理学研究中所取得的杰出成就，并力图通过一些图像来阐释科学中的概念，让大众清晰地了解霍金的研究成果。

电影的合同签订之后，制片人需要为他们的计划筹到足够的经费。弗里德曼和苏克曼在英国活动了很长一段时间，但没有什么进展。于是，他们将目光投向美国。在那里，他们找到世界著名导演史蒂文·斯皮尔伯格，向他阐述了来意并与他详谈了关于霍金及其研究成就的电影计划。

斯皮尔伯格对这个计划非常感兴趣，并且声称自己多年来一直密切关注霍金的工作，早就看到这种计划的商业价值。于是，在好莱坞名气很大的他表示赞同且愿意加入这部电影。有了这样大牌导演的加盟，弗里德曼和苏克曼很快就筹集到了足够的拍片资金。

斯皮尔伯格在决定参与拍片之后，希望能同霍金谈谈。于是在1989年年初，好莱坞有名的大导演与世界著名的科学家见面了，地点是在洛杉矶艾姆伯林电影制片厂的摄影棚。两人一见如故，在加州的灿烂阳光下谈了一个半小时，气氛非常融洽，各自都表现出对对方的赞赏和钦佩之情。

也是在这个月，知名的电影工作者埃罗尔·莫里斯与斯皮尔伯格所在的艾姆伯林娱乐公司联系，希望能与他们合作一部新电影，题材是关于爱因斯坦去世以后，他的大脑下落之谜的悬疑故事。莫里斯曾经成功地拍摄一部颇具争议但广受好评的电影——《细细的蓝线》，这部电影在社会上引起了不小的震动。当斯皮尔伯格对莫里斯谈起拍一部关于霍金的电影计划时，引起了莫里斯很大的兴趣，他对这种题材非常着迷。

莫里斯在学生时代就对霍金及其宇宙学研究有所耳闻，当他还在普林斯顿大学学习的时候，就听过美国著名物理学家约翰·惠勒的演讲，这给莫里斯留下了很深的印象。

1989年年底，由于有斯皮尔伯格、莫里斯这样的大牌导演和制片人参与，美国NBC电视网也对这部片子表示很感兴趣，成了这部片子的主要资助者。此后，弗里德曼又接洽了日本电视台，同样得到了支持和赞助。

埃罗尔·莫里斯对这部片子已经有了自己的设想，他的方案是在电影中设计一系列访谈，围绕着这些访谈展开情节，使主题自然而然地突显出来。虽然这样的构思拍摄起来会有很多麻烦，因为预先要拍很多访谈的镜头，但最后他们还是采用了这一方案。接下来的工作就是拍摄访谈镜头，在计划实施的第一阶段里，莫里斯列出了一个名单，其中有霍金的家人、朋友和他在全世界的同事。他开始觉得这些人一定会乐意并有兴趣参加这样的访谈。然而出乎意料的是，很多人都不愿在这部电影中露面。

他们认为，科学研究是一件非常严肃的事情，将严肃的学术问题通俗化、简单化不是一种科学的态度。对霍金的批评、指责也随之而来，还好霍金对这些批评和指责没有太在意，因为他实在太忙了，除了继续他的研究之外仍有很多事情要做。

但这个小风波很快就过去了，霍金毕竟已经是深入人心的大明星，有越来越多的人同意参与这部电影的采访活动。于是，这部片子很快进入正常的拍摄阶段。

1990 年 1 月，在埃尔斯特里电影制片厂的摄影棚里，电影摄制工作正式开始。他们在摄影棚里工作了 13 天，进行了 30 次以上的访谈，用了 33 种不同的布景。被采访的人有霍金读研究生期间的导师夏玛教授，有他的许多老同学以及他在剑桥大学应用数学和理论物理系的同事等，当然主角戏还是留给霍金。

这天，摄影棚里迎来了主角霍金，他由他的护士、助手们陪同着来到现场。拍摄霍金本人时，背景是一个蓝色的屏幕，这样，将来就能够配上导演选择的任何背景。他们最初想让霍金用语音合成器进行影片的旁白，不过他们发现这种声音非常生硬，音色不好听，于是莫里斯改变主意，只有在霍金对着画面讲话的时候才采用霍金的语音合成器作为画外音，其他场合中则让别人的声音作为画外音。

在摄影现场，无论是摄制组的工作人员还是被邀请参加拍摄的被采访人员，每个人都对霍金十分尊敬。在霍金到场时，他们总是尽可能地保持安静。

莫里斯在拍片过程中也真正接触和了解了霍金，还意外地得知，这位伟大的科学家对玛丽莲·梦露极为着迷。霍金微笑着解释说，他非常欣赏她的电影，所以家人与朋友只要有机会，便会买一些有关玛丽莲·梦露的商品。玛丽莲·梦露对于霍金来说，真像一个来自宇宙太空的神奇模特。

这部电影拍摄得很艺术，每个人都各显神通，尽可能地把莫里斯的想法落实到拍片过程中。美国著名作曲家菲利普·格拉斯接受莫里斯的邀请为这部电影谱写了主题曲。

影片在 1990 年春拍摄完毕，又花了约一年多的时间对所拍摄的影片进行剪辑，1991 年初才算完成。

1992 年春天，这部电影在美国和欧洲的部分电影院上映。

观看过的人都对这部影片赞赏不已，电影受到观众的热烈欢迎，也得到一些新闻媒体的好评。

通过这场电影，霍金的经典研究终于走出书本，走进了更广泛的群体中。

02
还他人清白

荣誉、鲜花、麻烦、道歉随着《时间简史》的出版出现了。

在该书第八章“宇宙的起源和命运”中，霍金谈到膨胀宇宙论的发展。他在书中提到，1981 年他访问莫斯科时，物理学家林第告诉他，最近在进行膨胀的研究工作。霍金觉得这篇论文有缺陷，因此林第又花了数月时间改写才送出去发表。从莫斯科回家后的第二天，霍金就去美国费城接受一项颁奖，然后应邀做了一次专业演讲。霍金在书中如此叙述：

我在费城的演讲和莫斯科的演讲一样，大部分时间都在讨论膨胀模型的问题。不过在费城演讲最后，我转述了林第对缓慢对称性破缺的想法以及我自己的修正意见。听众中有一位年轻的宾州大学助理教授斯特恩哈特，他在演讲之后找我讨论膨胀的问题。次年 2 月，他寄给我一篇他与学生阿尔伯勒希特合写的论文，其中提出的想法与林第的缓慢对称性破缺非常相似。他后来告诉我，他不记得我在演讲中提过林第的想法，而且他们在快要完成那篇论文时，才看到林第的论文。

1982 年，霍金声称宇宙膨胀理论不应当算作斯特恩哈特的贡献，因为在斯特恩哈特之前林第已经率先提出了这个理论，并且霍金在美国费城的研讨会上讲到这个理论时，斯特恩哈特也在场。

斯特恩哈特得知霍金的这一说法之后极为愤怒，觉得这对他的学术生涯产生了莫大的损害。他觉得霍金在背后中伤他们，如果霍金怀疑他们工作成果的真实性，也应该公开提出来。他们怀疑霍金引起这个争论的动机并非为了他自己的利益，而是为了提升他的朋友林第的地位，他觉得这种做法不可原谅。所以，尽管当时斯特恩哈特只是一名助理教授，霍金已是剑桥的卢卡斯数学教授，并且是世界公认的最杰出物理学家之一，斯特恩哈特还是采取了行动。

他立即给霍金寄去了他的有关笔记和通信，向霍金表明他早在费城研讨会之前就已经开始从事宇宙膨胀理论的研究了。他还非常郑重地声明，无论如何他也不记得霍金在费城研讨会上提到过林第关于宇宙膨胀的新发现。

霍金对待这件事情是非常谨慎的，因为这关系到一位年轻学者的学术前途。他在认真阅读斯特恩哈特的笔记后，回信给对方并做出明确的答复，承认斯特恩哈特是独立于林第提出宇宙膨胀理论的。最后，他还提出友善的建议，希望将来可以一起做一些研究。至此，这件事情才算了结。

这件事情发生在 1982 年，是霍金动笔写《时间简史》之前。因此，当霍金的《时间简史》于 1988 年登上畅销书榜的时候，斯特恩哈特得知书中有那么一节内容后，大吃一惊。这说明，霍金在《时间简史》中又回到了原先的立场，说他在费城研讨会上曾经提到过林第的宇宙膨胀理论。

斯特恩哈特觉得自己必须为荣誉辩护。他千方百计地寻找证据和线索，在偶然的情况下，他发现一个有用的东西——1981 年霍金费城演讲的录像带。这可帮了他的大忙，他终于找到最有力的证据，以证明自己的清白。

斯特恩哈特立即写了一封信，并复制了一份录像带寄给霍金。几个月之后，霍金终于给斯特恩哈特回信，里面说，他已经在新版的《时间简史》中删掉了那些对斯特恩哈特不利的文字，出版公司也已经起草了一份新闻稿，准备宣布这个修正。可是，斯特恩哈特认为，霍金仅仅这样做还不够，必须在公开的场合向他道歉。这就让霍金处在了尴尬的境地，可解铃还须系铃人，这种对峙的局面终要打破。最后，霍金和斯特恩哈特在他们一位共同的朋友的调解下和解。

霍金在《今日物理》杂志上发表了一封道歉信，他在信中说，他相信斯特恩哈特关于宇宙膨胀的理论是独立研究出来的，他对自己在《时间简史》一书中写下的有损斯特恩哈特声誉的文字表示歉意。

这件事情至此结束，争执的双方终于和解。在这次辩护中，霍金的行为确实有失偏颇。他固执的个性使得他在这件事情上没有保持基本的公正，以至于差点毁掉了一位年轻学者的前途。还好，这个错误很快得到了纠正。

03

戏剧化的婚变

1990年夏，一个令人震惊的消息传来，斯蒂芬·霍金和珍妮这对携手走过25载婚姻的夫妇离异了。

事情发生得突然且不可思议。

全国各大报刊都在头版报道了这件事，这着实惊动了很多人。

但只有霍金夫妇知道，离异并非突然爆发的一件事情，而是日久积累的隔阂导致。他们的差异和矛盾一直在扩大，两个人越来越疏远，彼此缺乏理解和信任，感情自然也遭到破坏。

成名了，爱散了。

各个领域的人们对这一消息都很惊讶，剑桥学术界对霍金夫妇分手的消息尤为震惊。

在他们看来，这对夫妇的婚姻生活是美满、稳固的，尽管他们有一些分歧，但霍金一直在努力提升珍妮在他生活中的地位，而珍妮也为家庭付出了很多，他们相依为命，一起经历了生活中的酸甜苦辣。人们简直不敢相信，一直是剑桥大学模范夫妻的霍金夫妇竟然就这样分手了。

几个星期以来，霍金的朋友和同事时时被一些三流报纸杂志困扰，这些三流刊物一心想从他们那里得到一些关于霍金夫妇的隐秘消息，还好这种企图并未得逞。然而一些流言不可避免地出现了。有的人说，霍金夫妇的婚姻之所以出现危机，是因为霍金早已有了婚外情；还有人说，珍妮已经厌烦了那种无聊的生活……

实际上，熟悉霍金夫妇的人都认为，他们分手的最重要原因是两人在宗教方面存在的严重分歧。这种分歧在两人之间潜伏了多年，随着《时间简史》的写作和出版，这种分歧又被重新揭开了，两人的关系越来越紧张，最后走到了离异这一步。

珍妮是一个虔诚的基督教徒，她的一切力量来源就是她信仰的上帝，也正是依靠上帝，她才鼓起勇气不顾来自社会各个方面的压力，毅然选择嫁给身患重病的霍金，并且悉心照顾霍金 25 年。而霍金经过多年研究所提出的“宇宙无边界”模型的理论根本就没有给上帝留出必要的位置。

珍妮可以忍受由于长年辛勤劳作所带来的痛苦和劳累，但她不能忍受自己的丈夫对她终生崇拜的上帝如此不敬。

另外，随着霍金的事业不断登上成就的新高峰，各种奖励、奖章从世界各地纷至沓来，霍金的身边永远不缺少鲜花和掌声，而珍妮却越来越孤独、寂寞，她觉得自己就像是一个小丑，总是躲在那么一个伟大人物的背后。

以前，珍妮经常陪着霍金出国旅行，而现在这种机会越来越少了。

随着经济条件的好转，她不用再负责护理丈夫，霍金已经聘请专职护士来做护理工作。于是，珍妮和霍金在一起的时间变得越来越少，沟通自然少了。当然，这并不是坏事，珍妮因此有了更多的时间，她开始把注意力转向自己感兴趣的事情上，如读书、修整花园、从事社会上的一些工作等，并且越来越积极地投入到唱诗班中。她的生活丰富了很多，也慢慢找回了迷失的自己。

一些媒体报道说，霍金在离开珍妮之后就搬进另一幢公寓，同照看他多年的护士伊莱恩·曼森住在一起。

霍金与伊莱恩之间的关系说来比较复杂。伊莱恩是戴维·曼森的妻子，戴维是一名计算机行业的工程师，曼森夫妇的孩子与霍金的孩子在同一所小学上学。有一次，曼森在学校门口接孩子时遇到霍金并与他攀谈起来，二人渐渐成为朋友。后来，曼森帮霍金在轮椅上安装了一个计算机，他的妻子也由他引荐成为霍金的护士。如今出现这种戏剧化的变化，是大家始料未及的。

霍金夫妇婚姻的破裂引发了各种各样的评论，而矛头基本都指向霍金。他们认为，霍金是一个负心汉，在取得巨大成功和国际性声誉的时候却离开了与他一起经历了艰难岁月的妻子。确实，在与霍金相处的25年中，珍妮牺牲和付出了很多，她最宝贵的青春年华都在照顾霍金与孩子中度过，霍金从一名普通的研究生成长为世界顶级的物理学家离不开珍妮的付出。然而，任何一个婚姻的破裂都无法将责任仅归咎于一方，就像霍金的朋友所说，如果把过去当做他的羁绊，这对珍妮的奉献与承诺是一种侮辱。

其实，霍金在那段时间里，心灵也承受着巨大的痛苦。记者们曾说，人们已经很少再看到霍金那迷人的、独特的微笑了。虽然霍金在表面上看起来很快乐，还与他的研究生和同事们开玩笑，但很快就会陷入消沉之中。他的情绪波动很大，以至于整个应用数学和理论物理系都被一种令人哀伤的气氛所笼罩。

霍金在情感上遭受的这种磨难比普通人更大，这是常人想象不出来的。正常人在遭受感情挫折之后，有很多宣泄悲伤情绪的方式，比如，大哭大喊、参加剧烈的体育活动、与朋友彻夜交谈、抽烟喝酒，等等。而这些对于身体条件受限的霍金来说，无疑都是行不通的，他只能默默地忍受。珍妮和孩子们的照片还像过去那样放在霍金的办公室里，他们的分居无疑是一根尖锐的刺，时时刺痛着这位伟大科学家的心。

霍金在公开场合拒绝谈论他的私生活，他在接受采访时严格遵守他为自己定下的这一规矩。而珍妮也同霍金一样，在公开场合缄默不语，对此事不漏半点风声。她还屡次拒绝制片人让她参加《时间简史》影片拍摄的邀请，对于熟悉的新闻记者的采访，她也不愿提及任何关于自己与霍金的生活，当然，她也是痛心的。

离婚了，但痛还是会在两个人心中暂留，毕竟一起生活过那么多年。

离婚之后，霍金和珍妮偶尔还会见面，霍金总是尽可能地抽出时间来看看孩子，与孩子们玩游戏。

这样一场婚变，确实给双方带来极大的痛苦与打击，然而，他们一起经历的一切美好回忆将永存心底，就像我们在英国广播公司的《宇宙大师》节目最后一幕里所看到的：

霍金和珍妮在家里注视着熟睡的孩子，同时，霍金借着电脑宣告："我的家庭美满，我工作成功，我还写了一本畅销书，真是夫复何求。"

04
对“圣杯”的探索

“圣杯”，在物理学领域象征着最高的追求，即找到一个完整的统一理论。

爱因斯坦在晚年孜孜以求“圣杯”，但直到去世也未能如愿。

“圣杯”对每一位物理学家来说都有着非常大的诱惑力，每个人都希望能在寻找“圣杯”的道路上向前跨一步。然而，尽管他们付出很多，却未能如愿以偿。

霍金常说，物理学的终结可能为期不远了。

1980 年，斯蒂芬·霍金在剑桥大学卢卡斯数学教授的就职演说中，也提到过关于理论物理学的终结问题。然而 10 年之后，物理学的终结并不见得比那时更近，但他依旧乐观地宣扬这个观点。不过，即使理论物理学真的达到霍金所热切预言的“终结”，物理学家仍有大量的工作可做。

霍金在 1988 年接受《新闻周刊》的记者采访时说，即使人们发现了一个包罗万象的物理学理论，仍然有许多事情要做。物理学家马丁·里斯则指出，在物理学领域找到一个包罗万象的理论，就好像掌握了象棋规则，离做一个象棋大师的距离还很远。

物理学家的直接目标，即寻找“圣杯”就很不容易。尽管有些物理学家认为，“圣杯”已经近在咫尺，但想捧到“圣杯”还需要付出许多努力。爱因斯坦在生命的后期，就把主要兴趣和精力放在寻找统一场论上，试图把引力和电磁作用力综合到一个理论体系内，但都以失败而告终。

目前物理学家所寻求的统一理论与爱因斯坦晚年所探索的统一场论还有着明显的不同。爱因斯坦在20世纪20年代初期开始探索统一场论时，在物理学领域已知的力只有两种，即引力和电磁作用力。随着物理学的发展，人们又发现了两种力，即原子核内部的强力和弱力。强力和弱力的作用范围都很小，它们的影响力不会超出原子核的范围。

引力是这四种力中最特别的一种，其他三种力即电磁作用力、强力和弱力，都可以用量子力学理论去解释，而且也取得了一定的成就。电磁学的量子理论被称为量子电动力学，它包括狭义相对论和量子物理学两方面的内容，可惜这一理论没有把描述引力的广义相对论的内容包含进去。

随着量子电动力学的发展，物理学家在20世纪50年代与60年代又发展出一个理论，可以用一组方程式同时描述弱力与电磁作用力，称为“电弱”理论。这一理论做出了一个重要预见，即应该有三种粒子与弱力相关，在这三种粒子相互之间所起的作用同光子在量子电动力学中所起的作用非常相似并得到了证明。从此物理学家只需要三种理论就可以解释宇宙的运行了。

在获得这个成功之后，理论物理学家又发展了一个类似量子电动力学的理论，用来描述强作用力。后来，物理学家们找到一种单一描述强力场的数学方法，这就是量子色动力学。其中的“色”来源于原子核内部的基本粒子。

原子核内部（质子与中子）实际上是由被称为夸克的基本粒子所组成的，而夸克有6种不同的种类，通常称为6种“风味”。物理学家的想象力非常丰富，用颜色来命名它们，如红夸克、绿夸克、蓝夸克等。当然这并不意味着它们真的是红色、绿色或者蓝色，就像一杯名叫“血腥玛丽”的鸡尾酒，并不真的含有血一样，它们不过是名称而已。

物理学家们正在研究数种前途看好的理论，有可能得出一个能够把电弱作用理论与量子色动力学结合在一起的单一理论，这类理论统称为大统一理论。

尽管大统一理论已经包含电磁作用力、强力和弱力三种已知的量子场，但它还不是完整的统一理论，因为它还没有把引力包含进去。尽管霍金成功地利用局部统一的量子理论与广义相对论研究黑洞与时间的起始，但广义相对论仍旧是描述引力的最好理论。这就说明，大统一理论还不够“大”，还需要建立一种把引力也包括在内的完整的统一理论——超统一理论，这就是物理学领域所谓的“圣杯”。

然而，寻找这样一种理论难度是非常大的。而这座“圣杯”究竟离物理学家还有多远，也是众说纷纭。

在随后的几年中，情况发生了很大的变化，著名的弦理论诞生了。它将引力包括在内，利用一般性的量子方程式进行数学计算，且正好具有描述引力所必需的性质，也就是说它确实是引力。在《时间简史》出版时，霍金赞同这是一条通向大统一的道路。然而障碍依然存在，其中之一就是还不能确定这些方程式的意义为何。以引力为例，它的方程式出现在先，其物理意义的重要性落在其后，还有不少方程式，至今仍看不出它们的物理含义。

可见，物理学的道路是永无止境的，物理学家还有很多事情要做。

1988 年，在《时间简史》中，霍金对于理论物理即将终结的态度变得更为小心谨慎。他改用“如果”我们发现了一个完整的理论这一表述，而不再说“当”。

事实上，霍金就职演讲中最有先见之明的评语，可能就是他最后那句话，它正适合用来结束我们对他的科学贡献的讨论：即使理论物理的终结尚未在望，但理论物理学家的终结可能为期不远了。

05
剪不断的中国情

霍金是一位世界级的科学大师，他不仅在欧美闻名遐迩，在中国也可谓家喻户晓，他与中国有着剪不断的感情。

他曾经三次来到中国，第一次是1985年，那时他刚刚获得博士学位，知道他的人恐怕不多；第二次是2002年年底，由于《时间简史》在中国畅销多年，这次出行，霍金俨然已经有了一大批粉丝，所到之处无不轰动，各大媒体也争相报道。第三次是2006年，他在中国香港和北京进行了演讲，掀起了一股“霍金热”。

霍金与中国建立起友好关系的渊源可以从两方面来阐述。

《时间简史》在中国

在美国，《时间简史》于1988年4月出版。1992年，中国湖南科学技术出版社推出了“第一推动丛书”，丛书的第一本就是霍金的《时间简史》，译者之一则是霍金的中国博士生吴忠超。译者根据自己的切实体会，在著作中生动地介绍了霍金，将他的人情味、残疾的身体以及卓越的成就都描述得非常详尽，这让中国的读者第一次对这位科学家有了初步了解。

由于译者对霍金的传奇生涯做了感动人心的介绍，加上出版社的许多努力，如书籍封面的精心设计，通过媒体广泛宣传，并在北京饭店与《读书》杂志社举行首发仪式和座谈会等一系列工作，这本书于 1992 年在中国出版之后就登上了畅销书榜单。

在以后的几年中，这本书总是处于供不应求的状态，至今仍是众多读者热心购买的图书之一。

2001 年 3 月，湖南科学技术出版社出版了《时间简史》的“十年增订版”；2002 年 2 月，出版了《时间简史》的“插图本”。2002 年 8 月，霍金出席了在北京举行的第 24 届国际数学家大会，一股“霍金风”顿时席卷中国，《时间简史》插图本虽定价 45 元，却也一时洛阳纸贵，热销几个月。

三次中国之行

1985 年的春天，中国的大地上来了一位世界最伟大的科学家，那就是霍金。霍金的第一次中国之行是由他的博士生吴忠超联系的，由学生卡尔和约兰塔陪同。这次中国之行，霍金对中国科学技术大学（合肥）和北京师范大学进行了访问。遗憾的是珍妮因为家中事务繁忙，需要照看孩子，不能跟随霍金到遥远而神秘的中国来。霍金这次来中国过得非常有意义，他的两个研究生甚至抬着他和他的轮椅登上了长城。

回国以后，他们都很疲劳，但霍金对自己成功的旅行，尤其是登上了长城，感到非常自豪。

1997 年，霍金萌发了再次拜访中国的念头。

因为他一直通过各种媒体关注着中国，看到中国日新月异的变化和进步，他非常好奇。于是，他多次向吴忠超谈起再访中国的事，但由于种种原因被搁浅了。

2002 年 8 月，第 24 届国际数学家大会在北京举行，霍金趁此机会，终于第二次来访中国。这一次的中国之行距第一次已经时隔 17 年。这 17 年中，无论是中国还是霍金都发生了天翻地覆的变化。霍金除了成为世界闻名的科学明星以外，非常不幸的是，他的家庭也发生了巨大变化，他与珍妮已经离婚，这次中国之行是他的第二任妻子伊莱恩陪同的，吴忠超先生为翻译。说起霍金的翻译工作，并不是谁都能轻易做到和做好，因为只有对他以及他的研究内容有深刻的了解才能做好翻译工作。霍金的文化修养很高，对莎士比亚的作品十分了解，他常常顺手拈来一句莎士比亚作品中的原话，稍加修改，就会成为幽默而隽永的话。翻译者如果文化修养不够，就会大大降低霍金讲话的深度，破坏其所营造的幽默氛围。

2002 年 8 月 9 日上午，霍金一行抵达上海浦东国际机场，然后前往机场的国航宾馆。在宾馆稍事休息之后，霍金的精神好了很多，车子驶向杭州。离开时，霍金饶有兴致地用语音合成器向经理致谢。这是他这次来中国后说的第一句话。原来护送他们的上海警车鸣笛向霍金一行告别，吴忠超向霍金说明鸣笛的意思，霍金觉得很有趣，脸上出现了孩子般的笑容，每个人都为这一幕深深动容。

吴忠超写了一段话来回忆他当时复杂的心理感受："很早以前我就注意到，沮丧和孩子般的笑容交替出现在霍金的面部，这两种表情似乎是霍金情绪上最主要的起伏和波动。孩子般纯净的笑容是未遭世俗污染的容颜，而沮丧是对禁锢的无奈和对自由的渴望，毕竟只有灵魂能够自由地遨游宇宙是远远不够的。"

吴忠超先生的这番话，情深意切，道出了霍金的追求和无奈。我们看到的都是霍金光辉的一面，而他的内心又有多少人能够看到呢？

当霍金一行到达杭州香格里拉饭店时，大门前已经聚集了很多媒体等着一睹这位伟大科学家的风采。他的妻子伊莱恩见此情形，当机立断，改从后门进入饭店。

霍金住的房间正好面对着西湖美景，第二天清晨，当所有人都在倒时差睡觉时，霍金早已驱动轮椅到了阳台，独自欣赏着西湖美景。

8 月 11 日下午，霍金在香格里拉饭店二楼举行了记者招待会。

8 月 12 日，霍金向杭州公众做题为《M 理论的宇宙学》的学术演讲。

8 月 15 日上午，他在浙江大学体育馆做了题为《膜的新奇世界》的学术报告。

在闲暇的日子里，霍金游览了杭州的很多美丽景点，并且去河坊街体味了浓重的中国文化。当他们在游览的时候，引来很多人好奇的观望，一个女孩给霍金献上了一束鲜花，并且热情地吻了一下霍金的脸颊，这一幕引起周围人热烈的掌声。

杭州的旅程结束之后，霍金一行乘飞机来到了北京。在北京国际数学家大会上，霍金又一次做了《膜的新奇世界》的报告，随后便结束行程回到剑桥。

2006 年，霍金第三次来到中国，恰逢第 18 届世界杯足球赛如火如荼进行中。有人因此说，这个闷热的夏天，有了世界杯，也有霍金，就不一般。这次中国之行，霍金先是在香港科技大学体育馆主持了一个题为"宇宙的起源"的演讲，体育馆 1800 多个座位座无虚席，另外还有数以十万计的香港特别行政区人民通过电视机屏幕，倾听了霍金的这场演说。

霍金在香港科技大学的演讲引发了轰动，掀起了一股“霍金热”，结束香港的行程后，这股热潮跟着霍金到了北京。霍金到北京主要是参加“2006 年国际弦理论会议”，在会议的开幕式上，霍金做了重要演讲，虽然大卫·格罗斯、安蒂·斯特罗明格等世界顶级理论物理学家也在开幕式上做了演讲，但台下的听众显然对霍金更感兴趣。用中国科学院一位物理学家的话说，前来参加会议的听众，恐怕 2/3 以上是来看霍金而不是来听大会内容的。对于崇拜霍金的人来说，他就是一个活着的神话。

霍金的两次短暂中国之行，给中国人民留下了深刻的印象，让人们对这位伟大的科学家有了更深的认识和了解。

对于他，我们最想说的是：他不仅是一位宇宙学方面的天才，更是一个如孩子般纯洁的人。

尾声

对人类未来的忧思

21岁那年，霍金患上了肌肉萎缩性侧索硬化症，全身瘫痪、不能说话，只有两只眼睛和三根手指能动。他在轮椅上度过了近3/4的人生，但这并没有影响他将人类目光引向遥远的宇宙。

他说，时间没有尽头，活着就有希望。“当你面临着夭折的可能性，你就会意识到生命是宝贵的，你有大量的事情要做。”正是抱着这种令人敬佩的信念，无论是多次身体出现问题紧急送院治疗，还是因脸部肌肉恶性萎缩，严重影响其表达能力，有可能使他无法发出独特的“电脑声”，都无法抵挡他继续探索宇宙奥秘的步伐。

步入晚年，霍金对宇宙的研究，已经不局限于“宇宙本身”，而是将它与人类的未来紧密相连。换句话说，在晚年的霍金心中，人类的命运是比浩瀚的星空更为广袤的宇宙空间。为此，他做出了许多“耸人听闻”的预言，比如“地球毁灭论”“人类生存危机论”。

2011年，霍金在接受美国一个视频共享网站访谈时谈到，地球即将在200年后毁灭，如果人类想要继续存活的话，唯一的办法就是移民外星球。他预测，2032年，地球进入冰河时代；2060年，人类必须离开地球；2100年，人类进入外太空，新人种出现；2215年，地球将面临灾难性毁灭；2600年，地球变成炽热的“火球”。这份霍金版的“地球毁灭时间表”是否准确，没有人知道，对于大众而言，地球很安全，太平无事，他们更乐意讨论那些时髦有趣的话题，比如外星人、星际旅行、火星移民等，地球科技的发展，让这些探索和想象在当下似乎并不显得那么遥不可及，人类和外星生命将共享宇宙的光辉未来。

霍金对此并不乐观。在他看来，人类的出路虽然是移民外星球，但这并不意味着要去接触外星人。他相信外星生命的存在，因此不止一次警告说，人类在努力与外太空其他生命形式建立联系时应当谨慎小心，因为我们不能确定他们是否会对人类表示友好。

由于霍金在科学界的地位，他的每一句言论都会引起大众的关注，引发热议。对于他的这一番言论，外界似乎并不认可，因为这些言论是没有科学依据进行支撑的，完全是出于自己的猜测，互联网环境下成长起来的年轻人甚至认为他在刷存在感。

霍金当然不需要刷存在感。他对地球命运，以及关乎人类发展的新生事物持审慎姿态，并不是因年龄的关系而趋于保守，而是一个负责任的科学家应有的态度。在他的一生中，见证了很多深刻的变化，许多当初乐观以待的事物，其最终命运都走向了反面。人类理应心存希望，勇于创造，但这并不妨碍我们对万物保持敬畏甚至恐惧之心。人类社会需要这样不同的声音，以避免人类昏昏沉沉，混混沌沌。

2016 年 10 月 19 日，霍金在剑桥大学“未来智能中心”开幕式上发表了演讲。在这次演讲中，霍金批评了人工智能的无节制发展，他认为，人工智能技术带给人类的威胁远大于它所带来的福利，当人工智能发展完全，就将是人类的末日。他更担心人工智能被运用到武器研发当中，他曾发出警告：必须取缔“机器人杀手”的研发和应用，人工智能方面的军备竞赛可能是人类的灾难，它将助长战争和恐怖主义，加剧世界动荡局势。

2017 年 3 月，霍金在接受英国《泰晤士报》采访时再次发出警告：“人类需要控制以人工智能为代表的新兴科技，以防止它们在未来可能对人类生存带来的毁灭性威胁。”“人类需要利用逻辑和理性去控制未来可能发生的威胁。”

晚年的霍金出现在各种场合，为所有关切人类命运的主题发声，在霍金传奇命运的衬托之下，更显得他言论的深刻，值得我们每一个人深思。霍金的言论看似充满了悲观情绪，实则提供了人类达到尽可能完美的未来的法则：理性。

2017 年 11 月 5 日下午，一年一度的腾讯 WE 大会上，霍金通过远程视频做了演讲。他认为今天的世界很像 1492 年前的欧洲，当时的人们坚信哥伦布探险注定是徒劳无功，然而新世界的发现为旧世界带来深远影响。对于那些被剥夺权利地位、走投无路的人来说，新世界成了他们的乌托邦。今天人类向太空的拓展，甚至将会产生更深远的影响，这让我们着眼于更广的空间，而不是拘泥于眼下。

人类发展需要更大的空间，因为地球足够小，而宇宙足够大，人类应该去不断发现，勇敢前行，如果人类想延续下一个一百万年，唯有如此。但这必须基于理性原则去审视人类自身的所作所为，才不会像过去那样，成为破坏地球各项平衡的罪魁祸首。

霍金用数据说明了人类贪婪的巨大破坏性。“在过去 200 年中，人口增长率是指数级的，即每年人口以相同比例增长。目前这一数值约为 1.9%。这听起来可能不是很多，但它意味着，每 40 年世界人口就会翻一番。2022 年，我将庆祝自己 80 岁的生日，而在我人生的这段历程中，世界人口比我出生时膨胀了 4 倍。”“这样的指数增长不能持续到下一个千年。到 2600 年，世界将拥挤得‘摩肩擦踵’，电力消耗将让地球变成‘炽热’的火球。”

霍金指出，人类应该扮演好自己的角色，在力所能及的范围内完善自我。所谓力所能及，就是不超出自己的能力，在面对问题时，理性思考，不要率性而为。演讲的最后，霍金说：“人类作为独立的物种，已经存在了大约 200 万年。我们的文明始于约 1 万年前，其发展一直在稳步加速。如果人类想要延续下一个 100 万年，我们就必须大胆前行，涉足无前人所及之处。”

虽然霍金在结语中使用了“大胆前行”这个词，但核心依然是“理性”——“我们相信，生命在地球上是自然而生的。”“星际航行必然是一个长期的目标。我所说的长期，是指未来 200 到 500 年。”——这一切的可贵认知都源自理性的意识。

这位全身瘫痪的科学家，穷极一生都在关注宇宙的本质和人类的未来。尽管有人对霍金的社会言论秉持质疑的态度，但这并不减损霍金始终关注人类命运、善于与大众对话的事实，而这些科学研究之外的态度，构成了霍金理论物理学家身份之外的另一种伟大。

1992 年，霍金首次“触电”，在《星际迷航》中客串自己，在剧中，他和“爱因斯坦”“牛顿”一起打牌。2018 年 3 月 14 日，霍金向世界作别，轮椅上的斯蒂芬·霍金真的离开了地球，可以和爱因斯坦、牛顿他们一起打打牌了。在浩瀚无垠的宇宙，他定然注视着生活在地球上的我们，希冀我们扮演好自己的角色，迎接未来。

附录1

世纪新作一：《果壳中的宇宙》

在霍金完成《时间简史》13年后，他的又一本惊世之作《果壳中的宇宙》问世。这本书从一开始就受到美国《时代》周刊的高度评价，并且在畅销书排行榜上飞速蹿升。与《时间简史》相比，这本书更容易理解，再一次展示了霍金过人的才智、博学和写作才能。

其实，《时间简史》获得成功以后，霍金就被很多人追问关于宇宙的问题。霍金迷们希望他能写一部诸如《简史的儿子》或者《稍长些的时间史》之类的书，但霍金更想把时间专心用在科研工作上，因此，他谢绝了写这类书。

不过，越来越多的人开始反映，在读《时间简史》开始几章的时候，会找不到过渡性的文字，感到云里雾里，缺了点逻辑感。这一点是霍金比较在意的，他非常希望每个读者都能够尽可能清晰地了解神奇的宇宙世界。恰好到了新千年，霍金意识到"需要花点时间去写一部也许比较容易理解的不同种类的书"了，并且这部书一定要比《时间简史》还要经典，还要透彻，要做出必要的改进与完善。

霍金头脑中产生了一个大体的改进方向，首先是对文字版面的设计作了一些优化，使之更方便读者阅读。

有了大体的改进方向，霍金开始着手写作《果壳中的宇宙》。在这本书中，霍金概述了他为普通民众写的《时间简史》之后自己所做的研究，包括他研究的膜世界。

在《果壳中的宇宙》里，包含着理论物理方面一些富有争议的话题。在之前的几年，霍金经常对这些有争议的话题发表自己的见解，例如，他对人类与人工智能所持的看法。同时，这些争议也引来了各类报刊的评论，这些评论也被霍金写进了书中。

《果壳中的宇宙》问世后，很多读者对这个书名产生了很大兴趣。其实，这本书的扉页就可以做出解释了。"我可以被束缚在一个果壳里，但是我把自己看做无限的空间之王。"这句话出自莎士比亚的作品《哈姆雷特》。霍金之所以用"果壳"这个独特的概念，是因为读者在读《时间简史》时，对其中的无边界模型很困惑。于是，为了更加形象地解释无边界模型，霍金就拿一个果壳来做比喻。

另外，宇宙背景辐射的温度中细微的偏差与果壳表面上细小的波纹也很相像；同时，"籽"的迹象也导致了在早期宇宙中像星系一样的结构的形成，因而在欧几里得（虚时间）描述中，宇宙的历史看上去特别像是一个核桃壳。

这样新奇的理念与神秘的内容，很难让读者不感兴趣。果然，《果壳中的宇宙》同样受到广泛的好评，再一次成为畅销书。这部书中插入大量图幅，为读者理解内容提供了很大的帮助，让这本书更加形象化而富有趣味。

霍金也因为这部优秀的著作在 2002 年 6 月获得爱文书籍奖，这是一个专门为优秀的科普书籍设立的奖项。这个奖项的评委会主席是精神病学家拉杰·佩苏德，在颁发给霍金这个奖项的时候，他称赞霍金"用可读性很强的正文与清晰的图解，使这一学科变得生动活泼起来，取得了巨大的成就"。最后，他还给予了霍金这部书以外更高的评价："即使没有把整部书都读懂的人，也会从这位非凡的智者所叙述的故事中受益匪浅。"

霍金对自己获得这个奖项感到非常意外，他没有料到自己会得此殊荣。《时间简史》销售了几百万册都没能让霍金获得什么奖项，但这本《果壳中的宇宙》显然带给霍金更多的运气，让他有了更多的殊荣。

附录2

世纪新作二：《大设计》

霍金的智慧之光是挡不住的，人们乐于读霍金的著作，主要原因就是他总是能在自己看到的思维界面上实现自我飞跃，探寻出更深层次的内容。

霍金的病一天天恶化，以至于他的写作异常困难，霍金的粉丝们沮丧地认为他已经不能再写出新书了。然而，在加州理工学院的物理学家、科普作家列纳德·蒙洛迪诺的协助下，霍金再次用生命创造了奇迹。这是一本行文简洁、观点惊人、图文并茂的宇宙探索指南——《大设计》。

在《时间简史》出版20年，《果壳中的宇宙》出版10年后，这本《大设计》满载着读者的希望问世了。

看到《大设计》这个书名，很多人内心深处会产生一系列的疑问：世界是怎样来的？到底是谁设计了我们？是上帝，还是自然本来如此？

《大设计》这本书凝结了霍金近20年的思想精华，围绕宇宙、万物、生命存在的意义，解读了最新宇宙学研究成果——M理论，为读者描绘了一个不需要任何超自然作用的、在物理定律下自然发生的宇宙创生与演化图景，让人们不再为神学的“存在之谜”而感到困惑。

虽然《大设计》这本书只有100多页，却承载了斯蒂芬·霍金近20年的研究成果，是他用10年的时间呕心沥血写出来的。

当时的霍金已经无法用肢体来写任何东西了，他只能和蒙洛迪诺合作，艰难地进行《大设计》的写作。在这本书中，他为我们解密了设计这个世界的不是上帝而是“另有其人”，他用通俗易懂的语言让读者相信“宇宙并不是一个单一存在体，多个宇宙并行存在和发展的可能性很大”。另外，书中还对“全能理论”——M 理论做了奇妙无比的总结，将“全能理论”看做人类自身和人类所处的宇宙的运行法则，认为这个理论是目前除“万物理论”外唯一可行的备选理论。他在《大设计》中写道：如果得到确认，“全能理论”将成为爱因斯坦苦苦追寻的统一理论，并代表着人类理性的终极胜利。

在《大设计》中，有一章的标题为《何为实在》，内容非常有趣。这也是《大设计》的重点章节。在这一章中，霍金先是以金鱼缸里的物理学作为铺垫，他启发读者，金鱼在弯曲、弧形的鱼缸里看到的实景是歪曲的。但是，该怎样判断那些真正被歪曲的实在图像呢？为此，霍金做了进一步的假设：“我们自己不也可能处于某个大鱼缸之内，而一个巨大的透镜扭曲了我们的美景？”

设好这个伏笔后，霍金顺势列出历史上有说服力的案例，托勒密以地球为中心、哥白尼以太阳为中心而提出的两种大相径庭的宇宙模型，甚至借用科幻影片《黑客帝国》中不同类型的另类实在为例，来说明“不存在与图像或理论无关的实在概念”这一结论。

在此基础上，霍金进一步提出“依赖模型的实在论”，具体内容是，物理学家认识的世界都是取决于建造的模型，而实在是什么样子完全取决于这个模型是如何设计的。

霍金的这个“实在论”意义十分重大，他为现代科学提供了一个可以为之解释的框架。霍金还告诉我们，这个“实在论”不仅适用于科学模型，还适用于我们所有人为了解释并理解日常世界而创造的有意识和下意识的心理模型。由此可见，霍金带给我们的，不仅仅是科学理论那么简单，还有从这些科学原理上引申出来的一些让读者思考的东西，读者从中受到很大的启发，同时丰富了自己的内心世界。

总之，无论是在知识内容上，还是在思维方法上，霍金的这本《大设计》都带给读者新的启迪。这本书的写作有着巨大的历史跨度，霍金向读者阐明了“存在”的本质及其意义的思想道路，进而解释了人类文明之所以进步，是因为对自然进行了不懈的探索。

《大设计》的问世，对读者是又一次的思想洗涤。霍金的这些理论都是读者们热切想要了解的。同时，对于霍金本人而言，这也是一次前所未有的自我超越。他在探索科学的道路中，又进行了一次勇敢的尝试，这成为他生命中光辉灿烂的一笔。

坚毅的霍金不仅借此实现了身体极限的超越，还用他无比灿烂的智慧勾画了新世纪宇宙世界的蓝图，他的作品就是其思想的最好反映，这些都将成为他人生道路上最宝贵的财富，也将成为后代人为之纪念和永生感悟的珍宝。意志是无形的，作品是有形的。这是探索宇宙世界的精品，也是身患重病的霍金最为欣慰的宝藏。

附录3

霍金生平大事记

1942 年

斯蒂芬·威廉·霍金于 1 月 8 日出生在英国牛津，这一天恰好是著名天文学家伽利略逝世 300 周年纪念日。霍金的父母都毕业于牛津大学，家中共有 3 个孩子，霍金排行老大。

1950 年

由于父亲弗兰克·霍金工作的原因，霍金全家迁往圣奥尔本斯，住在希尔赛德路 14 号。

1952 年

霍金进入圣奥尔本斯学校读书，并且经常和伙伴玩一些发明游戏，同时受到父亲的影响，十分热爱探索科学的奥秘。

1955 年

霍金因为一次不可思议的发烧而病倒，因而没能参加威斯敏斯特学校的奖学金考试，只好继续在圣奥尔本斯学校上学，这使得他的父亲大为沮丧。

1958 年

霍金与朋友们制造了一台被称作 LUCE 的简单电脑。

1959 年

霍金以优异的成绩考入牛津大学。

1960 年

霍金在牛津大学度过乏味的第一年后，参加了牛津大学的赛艇俱乐部，成为一名舵手，并且把很多时间花在赛艇上。

1962 年

霍金完成牛津大学学业，不幸的是在毕业那年身体出现了症状。不过，他最终凭借口试得到了优等，被剑桥大学录取，在丹尼斯·夏玛教授的指导下开始读研，专心致志地研究宇宙学。

1963 年

霍金花几周时间在医院做检查，最终被诊断出患上了令人震惊的肌萎缩性（脊髓）侧索硬化症（ALS），而且医生预测他在两年之内会死亡。也就是在这个时候，霍金对宇宙大爆炸的奇性问题产生了兴趣。

1965 年

霍金获得剑桥大学博士学位。他的论文是对恒星燃烧并探索形成黑洞过程的研究。霍金在这一年被录用为剑桥大学冈维尔与凯斯学院的研究员。7 月，霍金与珍妮·怀尔德举行婚礼。

1966 年

霍金因为发表论文《时空的奇点与结构》而获得亚当斯奖，珍妮从韦斯特菲尔德学院毕业后就开始照顾霍金。霍金的病在这一年恶化。

1967 年

霍金的第一个孩子罗伯特·霍金于 5 月 28 日出生。霍金的工作契约续签了两年。在那段时间里，他与罗杰·彭罗斯合作研究扩展开来的一些奇点定理。

1968 年

被邀请到英国理论天文学学院（后改为天文学学院）做兼职。

1970 年

霍金的第二个孩子露西·霍金于 11 月 2 日降生。霍金的身体衰退到永远要坐轮椅的程度。与此同时，霍金论证了“面积定理”。

1973 年

霍金与埃利斯合著第一部书《时空的大尺度结构》。他的研究兴趣转移到广义相对论与量子力学（量子引力）的统一化上。霍金离开天文学学院后，进入应用数学和理论物理系。

1974 年

霍金关于辐射黑洞的著名论文《黑洞在爆炸吗》在《自然》杂志上发表。3月，当选为英国皇家学会会员。

1975 年

霍金与罗杰·彭罗斯 1 月份获得皇家天文学会授予的爱丁顿勋章。此后还获得霍普金斯奖，被授予“有杰出成就的年轻科学家”。冈维尔与凯斯学院给他提供了高级讲师的职位，这是他的第一个正式职位。

1976 年

霍金获得皇家学会授予的休斯勋章和美国物理学会授予的丹尼·海涅曼数理物理奖。他跟以前的学生加里·吉本斯一起，就德西特时空的热力学性质，写了一篇重要的论文。

1977 年

霍金终于在 10 月得到教授的职衔，至此，他在引力物理学领域的地位上升到一个特别显要的位置。在《科学美国人》上发表文章《黑洞的量子力学》。

1978 年

获得阿尔伯特·爱因斯坦奖，牛津大学授予他荣誉博士学位。

1979 年

霍金的第三个孩子蒂莫西·霍金在复活节那天出生。霍金被任命为卢卡斯数学教授。

1980 年

4 月 29 日，霍金正式就任卢卡斯数学教授，在就职典礼上，他做了题为《对于理论物理的研究即将结束了吗》这一有争议的演讲。

1981 年

9 月，霍金在梵蒂冈召开的一次会议上，向公众透露了他在无边界模型上的初步研究。他开始研究膨胀宇宙学，还写了几篇有影响的论文。第三部著作《超时空和超引力》出版。

1982 年

2 月 23 日，霍金被授予英国的“高级爵士”称号。引入“虚时间”的概念，正式提出“无边界宇宙”的设想。

1984 年

完成《时间简史》的初稿并进行修改。

1985 年

霍金在夏天去瑞士的那段时间里，因患严重肺炎做了气管切开手术，手术之后，他永远丧失了含糊不清讲话的功能。霍金于 11 月回到家中，从此他需要日夜不停的护理。他因为有了一套由沃尔特·沃尔托兹赠送的电脑程序而有可能与人交流，后来戴维·曼森又把硬件安装到了他的轮椅上。

1986 年

弗兰克·霍金久病之后去世。霍金重新开始安排旅程，其中包括 10 月去罗马，他是应教皇科学院之邀去那里的；他的家人还被获准觐见教皇。12 月，霍金在芝加哥的一次演讲中正式宣布关于熵和时间箭头方面的见解。

1987 年

《时间简史》第二稿于春天完成。被选为梵蒂冈教皇科学院院士。他的研究转向“婴儿宇宙”。

1988 年

霍金与罗杰·佩罗斯被授予沃尔夫物理学奖。《时间简史》于 4 月公开发行后成了畅销书，社会上掀起了“霍金热”。

1989 年

剑桥大学授予的自然科学名誉博士学位由爱丁堡公爵颁发给霍金。伊丽莎白女王颁发给他一枚荣誉侍从勋章。10 月，罗伯特从牛津大学毕业之后到格拉斯哥读研究生；露西开始上牛津大学；霍金宣布他打算离开珍妮。

1990 年

珍妮与霍金于 2 月离异。4 月，在剑桥大学西格玛俱乐部发表演讲。

1991 年

霍金在 3 月 5 日被一辆轿车撞到，手臂有一处骨折。根据《时间简史》改编的同名电影完成。7 月，在东京日本电话电报资讯交流系统会上发表演讲。

1992 年

电影版《时间简史》于春天在美国与欧洲的电影院首映。5 月，在剑桥大学冈维尔与凯斯学院发表《我的立场》。

1993 年

《“黑洞和婴儿宇宙” 及其他论文》一书出版。

1994 年

霍金与佩罗斯在剑桥大学艾萨克·牛顿数学研究所做了一系列辩论性演讲。

1995 年

霍金于 7 月 8 日宣布他与伊莱恩订婚，两人于 9 月 16 日结婚。珍妮开始写自传。

1996 年

霍金与佩罗斯的辩论经编辑成书后公开发行。插图版《时间简史》于 11 月公开发行。

1997 年

《斯蒂芬·霍金的宇宙》系列节目与书籍由霍金在牛津赛艇俱乐部认识的同学戴维·菲尔金创作完成。

1998 年

霍金于 3 月 6 日在白宫做了题为《想象与变革：下一个一千年的科学》的演讲。当选为 10 位有影响的英国人之一。去挑选反映 20 世纪英国的照片。

1999 年

霍金为《辛普森一家》的某一集录制了一次旁白。为了防止食物进入他的肺部，他的喉部做了一个非急需施行的手术。他跟另外 11 位要人一起签署了第三个千年残疾人共同纲领。

2000 年

戏剧《上帝与斯蒂芬·霍金》面对复杂的评论以及霍金尖锐的批评，于 8 月开演。

2001 年

霍金就有关科学和社会上有争议的问题发表公开声明，这些声明引来了尖锐的批评。《果壳中的宇宙》于 10 月公开发行，并受到普遍的称赞，销售量达到预期。12 月下旬，霍金的轮椅失控，撞到墙上，致使他的髋关节骨折。

2002 年

1 月 8 日，霍金六十华诞。霍金为了阻止新千年出版社出版《万物论》，向美国联邦贸易委员会提起诉讼，结果没有成功。他于 6 月得到爱文书籍奖，该奖项是颁给优秀科普作品的创作者的，他因为创作《果壳中的宇宙》而获奖。我国出版霍金最新科普著作《果壳中的宇宙》的中文译本。

2003 年

霍金与喜剧演员金·凯瑞合作，参加了短喜剧《跟柯南·奥布莱恩一起度过的深夜》的演出。12 月，他因肺炎住进阿丹布鲁克医院。

2004 年

2 月，霍金因肺炎复发再次住进阿丹布鲁克医院，一些旅行计划被取消。BBC 于 4 月播出《霍金》，收视率很高。7 月 21 日，霍金借第 17 届国际广义相对论及引力会议在都柏林召开的机会，就他对黑洞信息佯谬的见解做了一次演讲。8 月 13 日，打算放弃于 20 世纪 80 年代以来所深信的终极“万有理论”。

2005 年

霍金于 2 月 14 日获得由史密森学会授予的詹姆斯·史密森每 200 年一次的纪念奖。

2006 年

霍金第三次来中国，带来的仍然是自己关于宇宙学的最新研究。霍金在人民大会堂向北京的公众讲述宇宙的起源。10 月 19 日，64 岁的斯蒂芬·霍金与第二任妻子伊莱恩办理离婚手续，他们共同生活了 11 年。

2007 年

霍金与露西·霍金、克里斯托弗·加尔法德合著的儿童科幻小说《乔治通往宇宙的秘密钥匙》于 9 月 6 日率先在法国出版发行。这本书是霍金写的第一本儿童读物，霍金在书中向儿童解释了自己关于时间和宇宙方面的学说。

2009 年

霍金获得自由勋章。

2011 年

《时间简史》出版 20 年，《果壳中的宇宙》出版 10 年后，霍金新作《大设计》问世。

2012 年

4 月 6 日播出的美剧《生活大爆炸》第五季第 21 集中，霍金本色出演，在剧中与主角谢尔顿同框的画面被无数粉丝奉为经典。

2014 年

霍金公开表态支持安乐死，但必须要有妥善的安全机制，确保接受安乐死的人确实是想死。

2016 年

4 月 12 日，霍金开通新浪微博，短短几天内即吸引了几百万粉丝。

2017 年

11 月 5 日，霍金在腾讯第五届 WE 大会进行了远程视频演讲，在演讲中他表示，正在与人合作研究，期望使星际旅行变成现实。

2018 年

3 月 14 日，霍金逝世，享年 76 岁，引发全球各界悼念。

读石油版书，获亲情馈赠

亲爱的读者朋友，首先感谢您阅读我社图书，请您在阅读完本书后填写以下信息。我社将长期开展“读石油版书，获亲情馈赠”活动，凡是关注我社图书并认真填写读者信息反馈卡的朋友都有机会获得亲情馈赠，我们将定期从信息反馈卡中评选出有价值的意见和建议，并为填写这些信息的朋友**免费**赠送一本好书。

《人生的圣杯——斯蒂芬·霍金传》

1. 您购买本书的动因（可多选）：

☐ 书名　☐ 封面　☐ 内容　☐ 价格
☐ 装帧　☐ 纸张　☐ 双色印刷
☐ 书店推荐　☐ 朋友推荐　☐ 报刊文章推荐
☐ 作者　☐ 出版社　☐ 其他 ________

2. 您在哪里购买了本书（若是书店请写明书店地址和名称）？

________ 购书时间________

3. 您是怎样知道本书的（可多选）？

☐ 报刊介绍________(报刊名称)　☐ 朋友推荐________
☐ 网站________(网站名称)　☐ 书店广告________
☐ 书店随便翻阅　☐ 其他________

4. 您对本书印象如何（可多选）？

封面：☐ 新颖　☐ 吸引眼球　☐ 一般，没创意　☐ 不适合本书内容
内容：☐ 丰富　☐ 有新意　☐ 一般　☐ 较差
排版：☐ 新颖　☐ 一般　☐ 太花哨　☐ 较差
纸张：☐ 很好　☐ 一般　☐ 较差
定价：☐ 太高　☐ 有点高　☐ 合适　☐ 便宜

5. 您对本书的综合评价和建议（可另附纸）：

____

____

● 您的资料：

姓名________　性别________　年龄________　职业 ________
学历________　电话(写明区号)________　手机 ________
电子邮件 ________　邮编 ________
通信地址 ________

● 我们的联系方式：

地　　址：北京安定门外安华里3区18号楼1004　王 昕
邮　　编：100011　　E-mail：good9112@126.com　litinglu999@126.com
销售部电话：010-64523603　64252978　编辑部电话：010-64523616　64523611